DERNIER MOT

DES

PROPHÉTIES

ou

L'AVENIR PROCHAIN DÉVOILÉ

par plusieurs centaines de textes authentiques, dont beaucoup sont peu
connus ou inédits et de date récente

notamment les prédictions de l'extatique de Blain

PAR

ADRIEN PELADAN

chevalier de Saint-Sylvestre,

HONORÉ POUR SES OUVRAGES DE PLUSIEURS BREFS DE S. S. PIE IX

auteur du *Nouveau Liber mirabilis*, etc.

Deuxième édition
considérablement augmentée.

⌖

NIMES
CHEZ L'AUTEUR
rue de la Vierge, 10
1878

—

Nimes, Typ. Clavel-Bollivet et C⁰. rue Pradier, 12.

I.

JUSTIFICATION DES PROPHÉTIES.

Tout chrétien confesse les prophéties canoniques, c'est-à-dire celles de l'Ancien et du Nouveau Testament. Mais il est encore des prophéties privées dignes de créance, pourvu qu'elles se trouvent dans certaines conditions ne blessant point les lois de l'Eglise, et permettant de les soumettre aux règles sur la matière et à l'examen d'une saine critique.

Les prophéties modernes sont un puissant moyen, aujourd'hui, de remettre en honneur le surnaturel, cette clef divine de l'enseignement catholique, rejetée en quelque sorte par notre siècle, et sans le respect de laquelle nous ne saurions maitriser les courants dévastateurs qui nous poussent, et combler les abîmes béants devant nous.

Saint Paul recommande aux chrétiens de ne point mépriser les prophéties, et par ce mot l'Apôtre indique les prophéties privées. Le don de prophétie fut commun dans la primitive Eglise, et les vies des Saints nous montrent en cent endroits que beaucoup de ces serviteurs de Dieu ont été inspirés par le Saint-Esprit. La chaine d'or des miracles qui resplendit dans la durée dix-neuf fois séculaire du catholicisme, peut-elle se séparer de cette autre traînée lumineuse, allant de la terre au ciel, et qui se nomme les prédictions dont Dieu favorise quelques âmes privilégiées ? Des auteurs pieux, comme aussi des écrivains profanes, ont affirmé qu'il n'y a jamais eu dans le monde de grand événement qui n'ait été prédit de quelque manière. Nous ne citerons sur cent autres que les témoignages suivants : « Dieu suscite d'âge en âge, des hommes pleins de son Esprit et de ses lumières, devant qui il soulève le voile de l'avenir, et qu'il charge d'aller dire à leurs frères ce qu'ils ont vu et entendu ». (Frayssinous).

« Chaque fois, dit sainte Hildegarde, que Dieu se propose de châtier le genre humain pour ses prévarications, il le fait prédire par des hommes ou le manifeste par les créatures, afin qu'ils n'aient point sujet de se plaindre de leurs maux ». (Ep. xlix).

Les théologiens sont unanimes sur ce point.

Les hommes instruits, qui repoussent systématiquement les prophéties privées, nous produisent l'effet de les redouter, parce que ces avertissements d'en-haut déconcertent leurs plans souvent égoïstes. Proposez leur une démonstration par les faits, par la science, par les affirmations de l'histoire, ils reculent. Nous n'avons pas à nous occuper du scepticisme invétéré, non plus que de l'ignorance qui ne veut pas être éclairée. Certains délicats se réfugient, pour atteindre les prophéties, dans le surnaturel diabolique, essayant d'atteindre les véritables manifestations divines, au moyen d'apparitions, de vaticinations apocryphes ; comme si les singeries du démon, sous ce rapport, ne sont pas la confirmation des prédictions venues du Seigneur. Ces prédictions se reconnaissent toujours à un critérium théologiquement déterminé.

L'étude ou tout au moins la connaissance des prophéties est utile, car les événements étant connus à l'avance, chacun peut s'y préparer, et rien ne nous paraît plus propre à contenir le coupable dans ses excès, et à le solliciter à revenir au bien. N'est-ce point dans ce but que l'Esprit-Saint a dicté l'*Apocalypse*, où sont marqués les événements , les époques les plus mémorables du monde et les grandes phases de la vie de l'Eglise, depuis l'Ascension jusqu'au jugement dernier, et aux joies inaltérables des élus dans la Jérusalem céleste? La philosophie de l'histoire, l'action de la Providence sur les sociétés humaines, est confirmée par les prophéties. Il est inutile de faire observer que les prophéties modernes, comme celles de la Bible, sont fréquemment conditionnelles, la réalisation de leurs menaces dépendant, comme à Ninive, du repentir ou de l'impénitence des peuples dévoyés. La prière, la pénitence de certaines âmes privilégiées peuvent retarder l'explosion des fléaux, même les conjurer. Cela se voit clairement dans la vie de la vénérable Anna-Maria Taïgi, dont les invocations et les souffrances ont sauvé à diverses reprises, dans la première moitié de notre siècle, la ville de Rome de rudes châtiments. Le jour même où cette servante de Dieu mourut, en 1837, le choléra éclata dans la ville éternelle et y commença des ravages prolongés.

Quelques inexactitudes dans le contexte des prophéties privées, deviennent, pour ceux qui les combattent, un motif de les repousser. La sagesse suprême permet précisément ces imperfections, pour que les révélations privées ne puissent pas être mises sur le même pied que les prophéties canoniques, où il ne se trouve pas un iota à retrancher ou à ajouter. On se rabat aussi sur certaines obscurités dont l'explication claire ne saurait être saisie. Mais les chapitres prophétiques de la Bible avant Jésus-Christ, présentaient aussi des nébulosités, dissipées, plus tard, par les événements. Ajoutons que les interprètes tatonnèrent alors plus d'une fois dans les éclaircissements qu'ils présentaient.

« Par rapport aux intérêts matériels eux-mêmes, les prophéties privées ont leur utilité. Si, en février 1848 et en juillet 1870, politiques, financiers, hommes d'industrie et de commerce, avaient connu et cru certaines de ces prophéties, il leur eût été possible d'éviter dans leur fortune particulière des désastres de plus d'une sorte. (Chabauty, *Concordance des prophéties modernes*). »

Les prophéties sur les temps actuels se rattachent aux faits généraux suivants :

1o Un roi de France, dont la piété égalera la valeur et le génie, sera donné d'en haut. Il couvrira notre pays d'une gloire immense et clora l'ère des révolutions.

2o Un pape, rempli de l'esprit de Dieu, sera étroitement uni au grand Monarque ; ils renouvelleront de concert la face de la terre.

3o Paris, centre des abominations révolutionnaires, est menacé de destruction, s'il persiste à demeurer Babylone. D'autres villes subiront le même sort.

4o Les hérésies et les schismes prendront fin ; les nations hérétiques ou schismatiques reviendront à l'unité.

5o Les dynasties persécutrices de l'Eglise seront réprouvées ou se convertiront.

6o Les peuples subiront des expiations selon la mesure de leurs crimes.

7o Le souverain providentiel promis à la France sera le chef de la croisade qui mettra fin à l'islamisme.

8o La nationalité polonaise sera reconstituée.

9o La France relevée exercera une influence universelle.

10o L'Eglise rebrillera d'une splendeur incomparable : il n'y aura qu'un troupeau et qu'un pasteur.

11o La révolution, les sociétés occultes, les factions seront écrasées par le Grand-Monarque et extirpées du sol européen.

12o Les bons seront providentiellement protégés dans la grande crise qui nous talonne ; les pervers seront foudroyés.

13o Toutes les injustices seront réparées par le Grand Monarque.

14º L'action divine sera visible dans la consommation des événements qui se préparent.

15º L'Europe sera ébranlée; elle sera le théâtre d'effrayantes batailles : l'Allemagne perdra sa puissance *et* subira un prodigieux abaissement. Rome passera par de terribles épreuves, mais recouvrera sa majesté et son indépendance par l'épée du Grand Monarque. La continuation du Concile général du Vatican inaugurera et confirmera la paix universelle.

N'en déplaise aux esprits rebelles, les prophéties prudemment interrogées jettent seules quelques clartés sur l'avenir. Hors de leur domaine lumineux, tout demeure incertitude, confusion, épouvante. Les prophètes nous initient à la politique divine, à l'intervention de la Providence, qui constitue la triple action de la sagesse, de la bonté, de la justice de Dieu sur l'existence des nations.

II.

LE SURNATUREL AU XIXᵉ SIÉCLE.

Les vérités surnaturelles sont celles qui nous sont connues par la foi. Le surnaturel est donc la lumière de la révélation. Un miracle est une opération surnaturelle, dérogeant aux lois du monde physique. Le secours de la grâce, pour accomplir de bonnes œuvres, est dit surnaturel, parce qu'il vient de Dieu. Le surnaturel n'existe ni par l'homme, ni selon l'homme. Le don de prophétie est essentiellement surnaturel.

Le surnaturel, ou manifestation céleste par une créature, exista de tous les temps; mais il est des moments dans l'histoire où le Seigneur prodigue, en quelque sorte, ces communications augustes, parce que les générations ont été ou sont plus oublieuses des préceptes divins, et que la justice incréée est prête à punir les prévarications et les crimes des peuples. Notre siècle, en proie à toutes les maladies doctrinales, gagné par le délire des passions honteuses, courbé sous d'innombrables dégradations de Bas-Empire, a dû provoquer la sollicitude de la miséricorde infinie. C'est pour cela que les faits surnaturels ont été si multipliés, et que leur ensemble forme ces imposantes sollicitations de la grâce, propres à arracher nos temps à leurs turpitudes, à les prémunir contre les expiations appelées par une dégradation profonde, une hypocrisie savante, des sacriléges ; l'immolation du droit ; des avidités qui font pâlir celles des âges païens, et cette licence qui éclate au loin et revêt audacieusement la livrée de l'athéïsme, ou bien de l'abrutissement.

Il y a 51 ans, mourait, à Rome, comme nous l'avons dit, A.-M. Taïgi, femme qui a joui d'un privilége unique dans l'hagiologie, celui de voir dans une sorte de soleil mystérieux, placé à quelques pieds d'elle, non-seulement ce qui se passait d'un bout du monde à l'autre, combats, navigations, complots, intrigues des cours, mouvements révolutionnaires, actions dignes d'éloges, mais encore l'état des âmes d'outre-tombe, dans la triple division de nos fins dernières, le ciel, le purgatoire, le noir abîme. Anna-Maria Taïgi a prophétisé sur les divers papes ses contemporains ; elle a particulièrement caractérisé à l'avance le long règne de Pie IX, et marqué en traits éclatants les événements soit terribles, soit heureux vers lesquels nous nous acheminons.

Le laboureur Martin, à force d'instances de l'archange Raphaël, alla, en 1817, dire à Louis XVIII de ne pas se faire sacrer, parce que Dieu le frapperait de mort, s'il enfreignait la défense. Il avertit aussi le roi que la profanation du dimanche, le manque de respect des choses saintes, la tolérance et l'admission des révolutionnaires dans les affaires de l'Etat enflammaient le courroux divin, et que la France serait accablée de maux, si ces désordres continuaient. 1830 a été un de ces châtiments prédits, et nous savons quelles ont été les suites désastreuses de ce régime maudit. Martin nous rappelle ce maréchal de Salon, qui alla représenter de semblables choses à Louis XIV, poussé qu'il était aussi par une apparition d'en-haut.

La croix miraculeuse de Migné, sur la fin de la Restauration, météore céleste, qui a des similaires dans l'histoire ecclésiastique, fut aussi un avertissement surnaturel, et des pénitences nécessaires pour apaiser le Seigneur, et des catastrophes qui nous menaçaient.

Louis-Philippe touchait presque à la chute honteuse qui lui était réservée, lorsque la Sainte-Vierge apparut aux bergers de la Salette. On n'a pas oublié combien de doutes ont prétendu obscurcir cet événement miraculeux ; combien d'efforts ont eu lieu pour accréditer la croyance que l'apparition était une supercherie. Cependant la prophétie de la Salette nous prévenait des rigueurs qui nous ont frappés dans le manque des récoltes, la mortalité des enfants, les révolutions successives qui ont éclaté. Dans la question des récoltes se trouvait implicitement la perte de la vigne, ruine d'opulentes provinces, la malédiction sur la sériciculture, la sécheresse, la paralysie des affaires. Là était prédits Sedan, puis la Commune.

A la Salette, ce n'est plus un ange venant parler à la terre coupable, mais la Mère de Dieu elle-même, qui pleure sur notre pauvre état social, et qui déclare ne pouvoir plus retenir le bras de son Fils. Il y a dans cette sollicitude de la Reine des Cieux pour la France, une poésie si majestueuse et si douce qu'elle égale les plus touchantes interventions du Ciel ici-bas, dans les récits de nos livres sacrés. Un siècle moins alourdi par l'indifférence que le nôtre, se fût converti à cet appel, et il eût trouvé à la fois des apôtres pour répandre le prodige, et des chantres pour le glorifier.

La Salette précède Lourdes, et la roche de Massabielle, dans les apparitions dont elle a été le siège, complète le mystère commencé sur la montagne dauphinoise. Ici la miséricorde grandit, et la suavité de ce mot : *Je suis l'Immaculée Conception*, porte à l'humanité une espérance nouvelle, gage du relèvement de la France et du salut de l'Eglise. La Salette a reçu son historien, elle attend encore son poète.

Cependant, une basilique monumentale s'élève près de la grotte et de la source miraculeuses, et des confins de la France et du monde, les foules y accourent rendre leurs hommages à la Très-Sainte Vierge, et demander des grâces, des guérisons impossibles à la science, et qui, par leur nature divine, réduisent au silence les vaillants de l'impiété. Ces faits surnaturels ne sont pas isolés, mais pour ainsi dire de tous les jours.

Le nom de Pontmain se présente ici à toutes les mémoires : c'est en ce lieu que Marie se manifeste encore à des enfants, en un moment où le pays est envahi par l'étranger, où les armes sont tombées des mains de notre jeunesse, où nos troupes sont désorganisées ou captives, où la terreur, fille de la lâcheté des bons et du jacobinisme de 1830 et de 1852, incendiait Paris et assassinait les Otages. Marie recommande la prière à Pontmain, et promet le retour de la paix.

La prière, c'est toujours et partout la recommandation de la Reine des Anges : la prière n'est-elle pas l'adoration, la réparation, la messagère qui monte au Seigneur pour en obtenir le pardon de l'humanité pécheresse, et redescendre, les mains pleines d'indulgences et de dons consolateurs ! Ces instances de Marie sont les mêmes dans les manifestations solennelles comme dans les communications moins éclatantes.

Faut-il mentionner ici la voyante d'Oria, près Naples, qui, entre tant de particularités surnaturelles réunies en elle, est communiée frequemment par la main des anges ? Faut-il nommer Louise Lateau, de Bois-d'Haine, qui, depuis des années, ne reçoit d'autre substance que le pain eucharistique, et qui, dans son extase hebdomadaire du vendredi, souffre les douleurs de la Passion ? Faut-il rappeler Fontet, où, dans la personne de Berguille, continuent des manifestations que l'autorité ecclésiastique trouve bon de cacher au public ; où des contradicteurs voudraient voir une action du démon pour opposer une rivalité à Lourdes, mais où, en attendant la décision de l'Eglise, nul ne peut nier le surnaturel ? Faut-il parler de Neubois, où l'autorité s'est, dit-on, déclarée contre le surnaturel divin, tandis que Berguille continue de suivre, chaque vendredi, dans son extase, la voie douloureuse, et prononce des paroles où la théologie ne semble pas avoir trouvé de rectification à faire. Rien, du moins, n'a été publié. Faut-il nous transporter à Blain, non loin de Nantes, où la voyante Marie-Julie, que Mgr Fournier, évêque défunt de Nantes, appelait une sainte, et y voir les mêmes prodiges qu'à Bois-d'Haine ? Nous donnons plus loin une série inédite de prédictions de Marie-Julie ; ces documents sont du plus haut intérêt.

Il y a un simple prêtre de village, le curé d'Ars, dont l'existence a présenté, en quelque sorte, une succession ininterrompue de faits surnaturels. Nous retrouvons dans l'abbé Vianney, en réservant la différence des cas, les merveilles de la vie d'Anna Maria Taïgi. Ce ministre du Seigneur, dont la simplicité était extrême, a justement mérité de son vivant le titre de saint et de prophète. Les foules accouraient à son église comme autrefois les Israélites de bonne volonté auprès de Jean-Baptiste. Il fut le consolateur des âmes, et son tombeau a gardé une vertu miraculeuse. Les actes réunis pour servir à la béatification de l'abbé Vianney, sont remplis de prodiges célestes.

Le monde n'a qu'une bien faible idée du commerce que certains serviteurs de Dieu entretiennent avec les anges et des merveilles qui s'accomplissent sous le regard du Seigneur, par l'efficacité de sa toute-puissance, dans les maisons de prière et souvent en des asiles dépourvus des biens de la terre, mais riches en pureté et en amour des choses saintes.

Nous donnerons plus loin une autre énumération de faits surnaturels, ayant reçu une moindre publicité peut-être que ceux qui précèdent, mais présentant toutefois les mêmes caractères. Ils forment un faisceau de preuves imposantes de l'intervention divine dans les événements humains, et démontrent que l'abandon de la foi est la cause directe des calamités de nos temps, et que la corruption sociale appelle sur nous de nouveaux et grands malheurs. Dans chacun de ces faits, la prophétie, que nous pourrions nommer l'aile droite du surnaturel, a toujours ou presque toujours une part. Il en est où elle domine essentiellement.

Si donc le surnaturel resplendit à chaque pas dans l'histoire contemporaine, et si la prophétie y occupe une si large place, les prédictions sur les temps présents seront-elles traitées de chimère? Pour n'aborder ici, du reste, qu'un chapitre de ces vaticinations, que l'on nous explique ce souffle qui, des sybilles à nos jours, excède les grands serviteurs de Dieu et les âmes contemplatives; que nous sachions comment, à travers les âges, cette haleine révélatrice nous présente, pour notre époque profondément troublée, ce Réparateur couronné qui renversera les factions, relèvera les Lys, écartera les parasites et les faméliques, fera surgir une pléiade de talents et de héros, prêts à redoter la France de ses splendeurs éclipsées. Nul souverain dans l'histoire n'aura uni tant de vertu à tant de valeur, tant de sagesse à tant d'activité, tant de lumières à tant d'héroïsme, tant de sublimité en un mot en toutes choses.

Commençons le *Dernier mot des prophéties* par cette immense figure, prédite aussi bien dans les temps actuels que dans les temps anciens.

III,

LE GRAND MONARQUE.

Deux majestueuses figures apparaissent à l'horizon lumineux d'un avenir prochain ; c'est le Pontife Saint et le Grand Monarque ; le Pape qui ceindra si magnifiquement la tiare, et le Roi qui fera splendidement refleurir les lys. Nous les avons, ailleurs, signalés dans la strophe suivante :

> Il est écrit que deux grands hommes,
> L'auguste bandeau sur le front,
> Dans la nuit des temps où nous sommes,
> En Occident apparaîtront :
> L'un, d'une sainteté sublime,
> Doit, dans la nouvelle Solyme,
> Glorifier la vérité ;
> Par son audace et sa prudence,
> L'autre, sur le trône de France,
> Etonnera l'humanité.

Voici une suite de prédictions sur le Grand Monarque. *Prophétie de Prémol*, écrite dans ce monastère avant 1789 :

« Et je vis venir de l'Orient un jeune homme remarquable, monté *sur un lion*. Et il tenait une épée flamboyante à la main. Et le coq chantait devant lui. Et le *Lion* mit le pied sur la tête du *Dragon*.

» Et sur son passage tous les peuples s'inclinaient, car l'Esprit de Dieu était en lui.

» Et il vint sur les ruines de Sion, et il mit sa main dans la main du pontife, et ils appelèrent tous les peuples qui accoururent. Et ils leur dirent : « *Vous ne serez heureux et forts qu'unis dans le même amour !* Et une voix sortit du ciel, au milieu des éclairs et du tonnerre, disant : « *Voici ceux que j'ai choisis pour mettre la paix entre l'archange et le dragon ; et qui doivent renouveler la face de la terre ! ils sont mon verbe et mon bras ! Et c'est mon Esprit qui les guide* ».

Glose : L'Archange, c'est la monarchie : le dragon, c'est la révolution ; Sion, c'est Rome ; le jeune homme monté sur un lion, c'est le Grand Monarque ; le coq symbolise la faction orléaniste à la fois renversée et convertie.

Le P. Ricci : « C'est alors que viendra le Duc Fort, sorti d'une des nobles races qui, pendant tant de siècles, demeura constamment fidèle à l'ancienne religion de ses pères, et dont la Maison a été très-affligée par la nécessité à une dure servitude.

» Les mains de ce Duc seront admirablement fortifiées, et son bras vengera la religion, la patrie et les lois. Dès ce moment on fera cause commune contre ce Monarque fort et contre les rois et les princes qui seront unis à lui. On emploiera tout l'argent et tous les moyens possibles pour lui faire la guerre ; mais il vaincra ses ennemis en pleine campagne, et les écrasera tant en Orient qu'en Occident ».

Le prodige aérien de Vienne (Isère), observé le 3 mai 1848, est un de ces phénomènes prophétiques, comme il s'en rencontre dans l'histoire ; exemples : les signes observés avant et lors du siége de Jérusalem, par Titus ; le Labarum apparu à Constantin ; la croix de Mignié (1826) ; plusieurs batailles vues dans les airs, depuis 1870, en Pologne, etc. Le nuage symbolique a montré les diverses phases historiques, depuis 1848 jusqu'à la venue du Grand monarque dont il est dit :

« Sur le nuage blanc et sur la bande supérieure de l'écharpe, se voyait un personnage richement vêtu, coiffé d'un chapeau de général et monté sur un cheval blanc orné d'une couverture brodée à franges d'or. Ce personnage est resté longtemps presque immobile à cette place.

» ... En même temps, un troisième lion blanc se forma sur le nuage blanc.... On vit une grande dame sortir de la ville apparente ou château blanc. Elle était vêtue d'un manteau blanc, qui ne saurait être comparé qu'au manteau de la statue de Notre-Dame de Fourvière. Elle tenait en sa main une autre couronne qui paraissait sortir d'une ouverture faite sur le devant du manteau. Cette dame est venue déposer cette couronne sur la tête du lion blanc. Cette couronne était ronde, grande, blanche, et composée de fleurs dont il n'a pas été possible de reconnaître la nature....

» Aussitôt que le lion blanc a été couronné, le cavalier, jusques là immobile, est venu sur le lion, après avoir quitté son cheval, qui a disparu dans le nuage.... Au-dessus de cette tête, sur l'azur du ciel, se lisaient ces trois lettres grosses et violettes, dont la première était plus grosse que les deux autres : Ave ».

La dame, dont il est ici question, est la Sainte Vierge, dont la protection a obtenu miséricorde au royaume de saint Louis, représenté par le Lion blanc. Elle couronne la France qui, par le culte qu'elle a rendu à la Mère de Dieu, a mérité sa protection toute-puissante. C'est la France qui, dans le mot mystérieux Ave, salue le souverain aimé du ciel, envoyé pour la délivrance du pays.

Saint Augustin. — Les oracles sibyllins ont entrevu le

prince immense promis à nos temps. Sans remonter si haut, nous reproduisons le fragment ci-après, attribué à Saint Augustin, et qui se trouve vers le milieu du traité de ce Père : *De Antichristo*. « Nous savons, dit l'aigle d'Hippone, qu'après l'empire des Grecs, de même qu'après celui des Perses, qui fleurirent chacun dans leur temps avec une grande splendeur et une très-grande puissance, l'empire romain commença enfin à s'élever à son tour, devint le plus puissant de tous ceux qui l'avaient précédé, et tint sous sa domination tous les royaumes de la terre, de sorte que toutes les nations furent soumises aux Romains et leur payèrent tribut. C'est pourquoi l'apôtre Paul dit que l'Antechrist ne viendra point dans le monde avant *que l'apostasie* ne soit arrivée auparavant, c'est-à-dire que tous les royaumes qui étaient assujettis d'abord à l'empire romain en aient secoué le joug. — Or ce temps n'est pas encore arrivé (nous en sommes de quatorze siècles et demi plus près que saint Augustin) ; car quoique nous voyons l'empire romain en très-grande partie déjà détruit, cependant tant que dureront les rois des Francs, qui doivent posséder cet empire, la suprématie du nom romain ne périra pas tout entière, parce qu'elle se maintiendra dans ses rois. Quelques-uns de nos docteurs disent même qu'un roi des Francs possèdera l'empire romain tout entier, lequel roi viendra aux derniers temps...»

Dans cette puissance, il faut surtout considérer sans doute la mission providentielle de la France pour le protectorat du Saint-Siége, et l'ascendant moral que rendra le grand monarque à notre pays, en abaissant partout l'impiété et la révolution conjurées contre l'Eglise et sa fille aînée. Quant à l'*apostasie* dont parle l'apôtre, elle s'est effectuée en Asie, en Afrique, en Amérique, dans la majeure partie de l'Europe : la France, l'Italie et l'Espagne, longtemps préservées, sont persécutées par le despotisme de la libre pensée ou aux prises avec cette fille de l'enfer.

David Paréus.— Ce savant Silésien, dont les œuvres ont été publiées à Heidelberg, en 1647, rapporte la prophétie suivante, reproduite en 1665 par le chanoine Comiers, dans son *Traité des Comètes :*

« Il surgira un roi de la nation très-illustre des lys ; il aura le front long, les sourcils élevés, les yeux longs et le nez aquilin. Celui-ci rassemblera une grande armée et détruira tous les tyrans de son royaume ; il frappera de mort tous ses ennemis, quoiqu'ils prennent la fuite sur les monts et se retirent dans les cavernes pour se cacher de sa face. Car comme l'époux est uni à l'épouse, ainsi la justice lui sera associée. Il poursuivra la guerre avec ses ennemis jusqu'à sa quarantième année, en subjuguant les Insulaires, les Espagnols et les Italiens (1). Il détruira et brûlera Rome et Florence, et l'on pourra semer le sel sur leur emplacement. Il fera mourir les membres du clergé qui auront envahi le siége de Pierre, et la même année il obtiendra une double couronne. Enfin, en passant la mer avec sa grande armée, il entrera en Grèce et sera roi des Grecs.

» Il subjuguera les Turcs et les Barbares en faisant cet édit : *Quiconque n'adorera pas le Crucifié, qu'il meure de mort.* Nul ne pourra lui résister, parce que le saint bras du Seigneur sera toujours avec lui, et il possèdera l'empire de la terre. Ces choses étant faites, il sera nommé le Repos des saints chrétiens. »

Prophétie de B. Holzhauser. — Ce pieux auteur, qui écrivait au milieu du XVIIe siècle, a laissé le meilleur com-

____

(1) Quels sont ces insulaires ? Nous ne le recherchons pas, crainte de nous méprendre

mentaire sur l'*Apocalypse*. Prophète lui-même, voici en quels termes il parle du royal restaurateur :

« Dieu enverra un Grand Monarque, appelé tantôt *Auxilium Dei*, secours de Dieu, tantôt Lilifer, porte-lys, tantôt Monarque Fort, etc. De concert avec une puissance du Nord, il exterminera la race des impies. Il rétablira l'ordre et rendra à chacun son bien. Dieu, dans ce même temps, suscitera un *Pontife saint* qui, soutenu par le Grand Monarque, fera briller plus que jamais la gloire de l'Eglise catholique par tout l'Univers. On croira la race du grand-duc éteinte : point du tout. Un duc (*dux*, chef) paraîtra contre toute attente, lorsque les amis de l'Eglise et des souverains seront dans la consternation et tellement persécutés qu'ils seront contraints de prendre les armes, auxquelles Dieu donnera le plus merveilleux et le plus brillant succès.

» Ce monarque puissant, qui viendra comme envoyé de Dieu, détruira les républiques de fond en comble ; il soumettra tout à son pouvoir, et emploiera son zèle en faveur de la vraie Eglise du Christ. Toutes les hérésies seront reléguées en enfer. L'empire des Turcs sera brisé, et ce Monarque règnera en Orient et en Occident ».

La prophétie d'Olivarius, remarquée par François de Metz, en 1792, parmi les manuscrits apportés des couvents de Paris, à la Commune, et reproduite dans les *Mémoires de Joséphine*, raconte les faits généraux du premier empire, ceux de 1848 et la suite, et s'exprime ainsi sur le Grand Monarque : « Il portera lion et coq sur son armure (force et vigilance).... »

» Ains seront pourchassés (les communeux) du palais des rois par l'homme valeureux ; et par après les immenses Gaules déclarées par toutes les nations grande et mère nation. Et lui, sauvant les anciens restes échappés du vieux sang de la Cap, règle les destinées du monde, se fait conseil souverain de toute nation et de tout peuple ; pose base de fruit sans fin, et meurt ».

Le Solitaire d'Orval. — « Dieu aime la paix ; venez, jeune (1) prince, quittez l'isle de la captivité. Oyez, joignez le lion à la Fleur Blanche, venez. Ce qui est prévu, Dieu le veut. Le vieux sang des siècles terminera encore de longues divisions ; lors un seul Pasteur sera vu dans la Celte-Gaule. L'homme puissant par Dieu s'asseyera bien , moult sages règlements appelleront la paix. Dieu sera cru guerroyer avec lui, tant prudent et sage sera le Rejeton ne la Cap. Grâces au Père de la miséricorde, la sainte Sion rechante dans ses temples un seul Dieu grand ».

Le bienheureux Amadée, évêque de Lausanne, XIIᵉ siècle :

« Avec le Grand Pasteur surgira le Grand Roi, qui obtiendra le royaume de la cité nouvelle ; et bientôt après il appesantira sa main sur les infidèles, en Afrique et ensuite en Europe. Il fera fleurir la foi, et il sera aimé de tous parce que ses actes exciteront l'admiration. Alors la volonté de Dieu sera parfaitement accomplie. Il faudra que la concorde et une union parfaite soient complètement établies, avant qu'il n'y it qu'un seul troupeau ».

Le B. Théolophre. — D'après le *Livre merveilleux*, où se trouve cette page du B. Théolophre, voici le discours que le Pontife saint doit prononcer au sacre du Grand Monarque :

« Reçois, Fils bien-aimé, la couronne d'épines, laquelle tu demandes instamment et très-humblement pour l'amour que tu

---

(1) Le Grand Monarque est signalé tantôt avec l'épîthète de jeune, tantôt avec le caractère de la maturité : il ne faut voir ici que la manière dont les voyants ont aperçu ce personnage dans telle ou telle époque de son âge.

portes à Celui qui a été suspendu en la croix et nous a rachetés de son propre sang. Reçois aussi en ta main droite l'enseigne de sa très-sainte croix, par lequel signe tu seras vainqueur, parce que le Dieu des armées a dit : « Je t'ai reçu aujourd'hui, et t'ai oint de mon huile sainte mon serviteur, pour être le conducteur de mon peuple et comme mon signal. Tu vaincras, non par la multitude de tes gens de guerre, ni par ta propre force, mais par la vertu de mon Esprit qui t'assistera. Réjouis-toi donc et sois constant et ferme en tes résolutions. Et n'aie point peur, attendu que je serai toujours avec toi. Au reste, je te prendrai par ma droite, afin d'assujétir les nations devant toi, et je mettrai en fuite les rois, et j'ouvrirai devant toi les portes, et elles ne se fermeront plus. Je marcherai devant toi et humilierai les superbes de la terre. Je romprai les portes d'airain et je briserai les gonds de fer. De plus je te donnerai des trésors qui sont cachés et je te révèlerai les arcanes ou mystères des grands secrets. Et tout lieu sur lequel tu marcheras sera à toi. Hé ! qui est-ce qui pourra résister, puisque c'est le Dieu des armées, le Seigneur qui a dit ces choses ».

Jean de Vatiguerro, XIIIᵉ siècle. — « Ce pape (le Pontife Saint) aura avec lui un empereur, homme très-vertueux, qui sera des restes du sang très-saint des rois de France. Ce prince lui sera en aide et lui obéira en tout pour réformer l'univers, et sous ce pape et cet empereur, l'univers sera réformé, parce que la colère de Dieu s'apaisera. Ainsi il n'y aura plus qu'une loi, une foi, un baptême, une manière de vivre. Tous les hommes auront les mêmes sentiments et s'aimeront les uns les autres, et la paix durera pendant de longues années ».

La Salette. — Une partie du secret de Mélanie et de Maximin à trait au sujet qui nous occupe. En voici les termes, d'après un homme de bien qui a reçu sur ce point d'intimes confidences : « Les deux tiers de la France perdront la foi ; 'autre tiers la conservera, mais mollement. La religion revivra cependant. Il paraîtra un Grand Monarque qui rétablira la foi et restaurera la Société. L'Eglise sera florissante ».

Le Pape Benoît XII. — « Uni (le Pontife saint) avec le Monarque fort, toutes les résistances contre la vérité seront brisées, et une félicité incomparable règnera parmi les hommes ».

Ancienne religieuse. — « J'ai encore des vues de miséricorde sur la France ; je lui donnerai un Roi selon mon cœur et ma volonté. Il aura en partage, la douceur, la sagesse et la sévérité. Je lui rendrai tout facile, et tous se rendront à ses volontés. Il fera tout rentrer dans le devoir et dans l'ordre ».

L'abbé Souffrant. — « Il aura une grande puissance et fera des choses si extraordinaires et si miraculeuses que les plus incrédules seront forcés d'y reconnaître le doigt de Dieu. Le Seigneur se servira de lui pour exterminer toutes les sectes impies, hérétiques, et les superstitions des Gentils, et pour établir, de concert avec le Pontife saint, la religion catholique dans tout l'univers ».

Saint François-de-Paul, xve siècle. — « Le Dieu tout-puissant exaltera un homme très-pauvre, mais noble, du sang de l'empereur Constantin, fils de sainte Hélène, et de la race de Pépin, qui descendait de Constantin. Celui-là aura sur la poitrine le signe de la croix. Par la vertu du Très-Haut, il détruira les hérétiques et les infidèles ; il aura une grande armée, et les anges combattront avec eux et ils tueront tous les rebelles au Très-Haut ».

Saint-Ange, xiiie siècle. — « Lorsque mon peuple se repentira (c'est Jésus-Christ qui parle), qu'il comprendra mes voies et qu'il acceptera et conservera la justice, alors enfin, viendra l'homme qui le délivrera, qui apportera la paix parmi

les peuples, et qui sera la consolation des justes. Car il s'é-
lèvera enfin un Roi du peuple et de la race antique des Francs :
il excellera dans le service de Dieu. Il sera reçu des rois chrétiens qui professeront la vraie foi, il sera aimé d'eux et sa
puissance croîtra par terre et par mer. Il viendra en aide aux
affaires de l'Eglise presque détruites. Après que les chrétiens
seront purifiés de toute terreur et que l'Eglise aura été amenée
à l'état désiré par les fidèles, ce roi, uni au Souverain-Pontife,
enverra des armées suivies par un grand nombre de volontaires,
et la multitude de ceux qui tomberont pour mon nom, dans le
combat, recevra, par l'efficacité de la croix, la récompense, et
montera glorieusement au ciel ».

« Un homme juste et fort s'élève des eaux mortes et
salées (*l'Angleterre*) comme un lion fort, comme un serpent prudent, et simple comme une colombe. Il recevra à la
fin, pour la protéger, une colombe noircie par les impies
(*l'Eglise, en ce moment si attaquée*). Il règnera beaucoup
d'années et remettra les lois en honneur, renouvellera la ville
(*Rome*) ainsi que le monde, et il ne nuira pas au peu de rois
qui règneront à cette époque.» (Bibliothèque des Franciscains
de Hinsbergen).

Maître Antonin. — « Alors naîtra, au milieu des lys, le plus
beau des princes, dont le nom sera grand parmi les rois, tant à
cause de ses grâces corporelles que de la perfection de son
esprit. L'univers entier lui obéira, de l'Occident au Levant et du
Nord au Midi. De toutes parts il terrassera et foulera aux pieds
ses ennemis ; ses années s'écouleront dans le bonheur. Ce monarque surgira de l'illustre lys ; il aura le front haut, les sourcils arqués, de grands yeux, le nez aquilin. Il rassemblera une
grande armée et détruira tous les despotes (*les radicaux sans
doute*) de son royaume, les frappant à mort ; ils fuiront à
travers les monts pour éviter sa face. Il fera aux faux chrétiens

la guerre la plus constante et dominera tour à tour les Anglais, les Espagnols, les Lombards, les Italiens. Les rois chrétiens lui feront leur soumission. La même année il gagnera une double couronne ; puis, traversant la mer à la tête d'une grande armée, il entrera en Grèce et sera nommé roi des Grecs. Il subjuguera les Turcs et les barbares ; nul ne pourra lui résister, parce qu'il aura toujours auprès de lui le bras du Seigneur qui lui donnera l'empire de l'univers entier. Cela fait, il sera appelé la paix des chrétiens.

Marie Lataste. — « Un jour, j'entendis une voix qui me disait : Regarde ! regarde ! Je ne voulais point regarder, de crainte d'être trompée. Cependant, entendant de nouveau cette voix, je me recommandai à Dieu, je levai les yeux et j'aperçus devant moi un personnage singulier. Il me paraissait d'un tempérament robuste et d'un caractère capable de résister à tout. Il portait une robe qui descendait jusqu'aux genoux : ses bras et ses pieds étaient nus. Je ne saurais dire de quelle matière était cette robe. Elle n'était ni en or, ni en argent, ni en fer, mais forte comme le fer, l'argent et l'or. Le diadème qu'il portait sur le front était de la même matière que sa robe. La chair de ses membres n'était pas comme celle du reste des hommes ; elle paraissait être d'une dureté extrême.

» Il se plaça dans le sanctuaire, en face du tabernacle ; il se tint sur ses deux pieds et resta inébranlable. Je vis une multitude de personnes, vêtues de blanc, se ranger autour de lui, et il prononça un discours ou sermon qui était conforme aux enseignements de l'Eglise ; je ne me rappelle point les paroles qu'il prononça, mais il exhorta, à peu près comme l'apôtre, à vivre selon l'esprit et non selon la chair. Parmi les vices que nous devons fuir, il fit mention de celui que l'apôtre défend de nommer. Il termina en engageant à éviter le mal et à pratiquer le bien.

·» Après qu'il eut parlé, un homme tout noir *(le radicalisme)* se dirigea vers lui; mais il lui donna sur la tête un coup si vigoureux, que l'homme noir tomba mort à ses pieds. Aussitôt survint une multitude innombrable de corbeaux (des anarchistes) qui enlevèrent le cadavre hors de l'Eglise. Ils retournèrent bientôt près de celui qui se tenait toujours dans le sanctuaire. Mais celui-ci se défendait sans se mouvoir; il en saisit un avec ses mains, le coupa par le milieu du corps et le jeta loin de lui; tous les autres s'enfuirent immédiatement. Quelques instants après, j'aperçus un nombre considérable d'autres oiseaux (d'autres ennemis) voler autour de lui et l'importuner extrêmement. On lui apporta un filet avec lequel il les prit presque tous. Il jeta ce filet dans l'air, avec une force extraordinaire, et les oiseaux qu'il n'avait pas pris s'enfuirent. Une voix se fit entendre dans le ciel, qui disait : « Celui-là est vraiment un homme fort, il a vaincu ses ennemis. »

Ce passage est la figure des dernières guerres du Grand Monarque et des victoires qu'il doit remporter. La même voyante décrit, sous l'allégorie suivante (Let. LXI), le renversement de la révolution par le même Envoyé :

« Alors on vit sur le pont un homme, monté sur un éléphant, s'avancer hardiment, tenant une épée à double tranchant. Il paraissait extrêmement vigoureux ; il était revêtu d'une robe qui n'était point en étoffe, mais elle paraissait très-dure, ainsi que le diadème que cet homme portait sur la tête. Il traversa la foule et s'avança jusque auprès de la bête, tenant d'une main son épée et de l'autre une croix. « Te voilà, monstre infernal, dit-il, voyons qui des deux sera le plus fort ! Regarde cette croix ? Oseras-tu t'élever contre elle ? Toute ta puissance sera réduite à néant ». Aussitôt il s'élance sur la bête, il lui enfonce dans la gueule son épée, dont la pointe ressortit sur le dos. La bête se retira dans le marais dont elle était sortie. Cet homme reçut toutes sortes de félicitations de la multitude, qui éclatait en transports de joie ».

Une ancienne religieuse. — « Je lui donnerai toute puissance sur la terre et il marchera à ma droite jusqu'à ce que je réduise ses ennemis à le servir. Et le sceptre lui sera donné pour défendre l'autel et le trône ; et ses ennemis trembleront au jour de sa force. Il sera le roi fort et marchera avec le Pape saint ».

Rosa Colomba. — Grande révolution éclatera en Europe. La paix ne reparaîtra que lorsqu'on verra les lys, descendant de saint Louis, sur le trône de France. *Ce qui arrivera* ».

Religieuse de Belley. — « Il (le Grand Monarque) paraît au milieu de la confusion, de l'orage ».

Pirus. — « Jamais il ne s'est vu un monarque si puissant et si heureux ; il sera seul seigneur et empereur du monde, aimé et redouté de tous ».

Matxy. — « La République sera proclamée, mais elle durera peu ; ensuite nous serons gouvernés par un prince d'une grande sagesse et d'une grande piété, qui vivra très-vieux et fera le bonheur de la France. Il viendra au moment où on s'y attendra le moins ».

La petite Marie des Terreaux. — C'était une simple fille du peuple qui eut, sous la Restauration, des songes prophétiques. Son souvenir est encore vivant à Lyon. Elle a confirmé la tradition qu'une formidable bataille sera livrée dans la plaine de Cinq-Fonds, entre Lyon et Vienne. Là, le Grand-Monarque doit déployer son génie. Il arrive un moment où ses troupes semblent plier. Il élève alors les mains au ciel, et réclame un secours direct du Seigneur. Soudain, Jésus-Christ, armé d'une faulx tranchante, fond sur les rangs pressés de la révolution, et les abat comme le moissonneur qui couche, sur les sillons, les épis mûris par l'été.

Saint Thomas d'Aquin. — « Cet homme doit venger véritablement le royaume des chrétiens, l'arracher au joug d'Ismaël, le conquérir sur les Sarrazins ».

Prophéties des saints Pères. — « Les Turcs mêmes s'y attendent, qu'un *roi de France* lèvera main forte contre eux, et leur fera lâcher prise de tout ce qu'ils auraient conquis sur les terres des chrétiens et en l'Orient et en l'Occident. Ce roi réunira l'empire divisé en l'Orient et en l'Occident, et sera seul empereur du monde, aimé et redouté de tous les hommes».

Le curé d'Ars. — « Après la destruction de Paris, doit paraître le Monarque qui rétablira toutes choses ».

Dessins prophétiques du mont Saint-Michel. — « Le Grand Monarque, dit l'explication, après avoir détruit la démagogie et les factions intermédiaires ou démagogie déguisée, relèvera les monarchies détruites ou avilies, et exercera sur le monde l'ascendant de Charlemagne au IXᵉ siècle ».

Manuscrit prophétique inédit. — « Le lion couronné, dit l'interprétation, figure le Grand Monarque, l'envoyé providentiel qui relèvera de ses ruines le royaume de Saint Louis, et le couvrira d'un éclat immense ».

L'abbé Petiot. — « Après une sanglante bataille, quand les triomphateurs croiront recueillir le fruit de la lutte, un homme nouveau s'élèvera pour rendre la paix à la société ébranlée. »

Le B. Joachim. — « Dans une figure prophétique, le Grand Monarque est enveloppé, des pieds à la tête, des replis d'un long serpent, le python révolutionnaire. La tête seule et une épaule sont libres, et pourtant Dieu soutient son Élu, qui se dégage des enroulements du reptile, pour ceindre le diadème, tenir la main de justice et vaincre les factions et les tyrannies »

De S...., prélat romain. — Ce personnage, parlant de la *Vie d'Anna-Maria Taïgi*, par le P. C., a dit de cette œuvre écrite sur des documents exacts : « Elle est très-bien faite ; j'ai beaucoup entendu parler de cette sainte femme, à Rome, où alors on travaillait au procès de sa béatification ; eh bien ! tout ce que vous voyez se passer a été annoncé par elle. Elle a prédit la proclamation du dogme de l'Immaculée conception ; le Concile du Vatican et dans ce Concile la question de l'infaillibilité du Pape ; les vives oppositions qu'y feraient certains évêques, et la décision du Concile ; qu'aussitôt après la proclamation de ce dogme, la France déclarerait la guerre à la Prusse, guerre désastreuse et qui plus tard deviendrait générale ; la fin de Napoléon III ; une République en France, mais qui durerait peu ; qu'un moment viendrait où les partis ne pouvant s'entendre sur le choix d'un gouvernement, ils finiraient par se décider à remettre la question à la décision du Souverain-Pontife ; que celui-ci enverrait un légat en France pour lui rendre compte de l'état des choses ; qu'ensuite le Pape donnerait à la France un monarque chrétien, et qu'à partir du moment où il monterait sur le trône, ce pays entrerait dans une ère de prospérité civile et religieuse ».

L'Apocalypse (Commentaire d'Holzhauser). — « Celui que saint Jean vit sur la nuée est le Grand monarque. Il est dit qu'il est *assis sur une nuée blanche*, parce que son règne, désigné par le mot assis, sera un règne stable et saint, appuyé sur la protection de Dieu tout-puissant. Il est appelé *semblable au fils de l'homme*, à cause de ses grandes vertus, par lesquelles il imitera le Sauveur Jésus-Christ ; car il sera humble, doux, aimant la vérité et la justice, puissant par ses armes, prudent, sage, zélé pour la gloire de Dieu. Il est représenté *ayant sur la tête une couronne d'or*, c'est-à-dire qu'il sera un grand monarque, riche et puissant, et le dominateur des dominateurs ; il vaincra les rois des nations. *Et ayant dans sa main une faulx tranchante.* Cette faulx, que le Grand Monarque tiendra en main, c'est sa grande et forte armée avec laquelle il traversera les nations, les républiques et les places fortes. Il est dit que cette faulx est tranchante, parce qu'il ne livrera aucun combat sans qu'il n'en résulte la victoire pour ses armées, et un grand carnage pour ses ennemis. Il est dit qu'il tient sa faulx dans la main, parce que son armée n'entreprendra rien sans ses avis, et c'est lui-même qui la dirigera par ses conseils, et elle lui obéira à la perfection, et lui sera attachée, et l'aimera de telle sorte qu'il la maniera comme un bâton, et opérera par elle des choses admirables » (Int. XIV, 14).

Dans la Bible, les prophètes Daniel, Isaïe, Jérémie, Ezéchiel, Osée, Joël, Amos, Abdias, Nahum, Michée, Habacuc, Sophonie, Aggée, Zacharie, Malachie ont annoncé le Grand Monarque. Le IVe livre d'Esdras, chapitre XIII, en contient une peinture pleine de Majesté.

Hommes qui n'avez pas sacrifié à l'idolâtrie générale de nos jours, contemplez cette figure qui est saluée dans tous les temps, et se manifeste dans toutes les traditions ; l'Inde, l'Asie entière, les livres byzantins, l'Occident, tout la connaît. Les livres saints en ont dessiné les traits. Ce concert des siècles proclame le Monarque promis à notre âge : le Secours de Dieu, le Victorieux, le Lys, le Juste, le Régénérateur, le Prince de la paix. Il est, disent encore ces voix, le Roi de la maison de David , le Juge équitable , le Bras de Dieu , le Premier d'entre les potentats, le Désiré des nations, le Lion de Juda. Et encore : Il est le Bien-aimé, le Héros choisi, le Pasteur, le Père des habitants de Jérusalem et de la maison de Juda. Il est l'Orient, Celui qui dissipe les ténèbres. Seul Souverain et seul Seigneur, il est la postérité des patriarches, et c'est à lui qu'est promise la possession des saintes montagnes. Il se nomme encore Zorobabel ou Eloigné de la confusion. Il s'appelle enfin la Parole de Dieu, le Fort qui est assis sur le coursier blanc et sur le vêtement duquel est écrit : mystère.

Consolateur des justes, Envoyé providentiel, Lys qui doit fleurir dans le royaume de la Vierge, Soleil de justice, Nuée qui porte la miséricorde et le courroux divin, qu'il vienne, qu'il paraisse, réparant les ruines, réchauffant les courages abattus, répandant les lumières célestes, foudroyant les sacriléges et les criminels, et que la France, et par elle le monde, renaissent, après tant de deuil et de tempêtes, à la félicité et au repos !

IV.

LE PONTIFE-SAINT.

Avec le Grand-Monarque, devant apparaître providentiellement, voici le Pontife-Saint, qui sera également suscité pour accomplir avec lui tant de prodiges.

L'abbé Werdin, d'Otrante, XIIIe siècle.— « Lorsque sur la chaire de Pierre brillera une étoile éclatante, élue, contre l'attente des hommes, au sein d'une grande lutte électorale, étoile dont la splendeur illuminera l'Eglise universelle, le tombeau qui renfermera mon corps sera ouvert. Ce bon Pasteur, gardé par les anges, réparera bien des choses par son zèle et sa sollicitude. Par son zèle et sa sollicitude, des autels seront construits et les églises détruites seront relevées. »

Elisabeth Canori Mora.— « Je donnerai à mon Eglise, fut-il dit à la pieuse femme, un pasteur saint et rempli de mon esprit, qui réformera mon troupeau par son grand zèle. »

Le Père Botin.— « Il conduira les peuples dans l'équité et les rois dans la justice, et sera honoré des princes et des peuples. »

Jean de Vatiguerro.— « Il reformera l'univers, principalement par la puissance de ses exemples et la vénération profonde qu'il saura inspirer. Il ramènera les ecclésiastiques à la manière de vivre des temps apostoliques, et il se montrera sans crainte comme sans condescendance envers les puissances temporelles. Il ramènera les schismatiques au giron de l'Eglise et convertira presque tous les infidèles, et surtout un grand nombre de Juifs. »

Anna Maria Taïgi.— « Il sera élu d'une manière extraordinaire. Son nom retentira sur les lèvres des enfants même, et sera connu dans tous les coins du monde. Il sera populaire et aimé des pauvres, mais en même temps sévère dans la justice. Il est celui qui sera appelé la prédilection des peuples, le chéri de Dieu. Il fera la réforme de l'Etat et des mœurs des peuples. Il réformera l'Eglise et le clergé séculier et régulier, les rappelant à l'observance exacte. Il aura des lumières extraordinaires de Dieu et sera armé d'une foi vive et d'un zèle ardent. Il aura à souffrir, car il devra lutter contre des oppositions qu'il trouvera partout, dès le commencement, de sorte qu'il se trouvera isolé ; mais le bras tout-puissant de Dieu sera avec lui et le fera triompher.

» Le Seigneur lui donnera tant de force qu'il s'imposera même aux souverains. Malheur à ceux qui s'obstineront et formeront opposition à ses ordres : la main de Dieu sera sur eux dès ce monde même pendant son règne ; beaucoup de mauvais chrétiens se convertiront, et des églises schismatiques rentreront dans le centre de l'unité catholique. Le Turc lui-même viendra à lui et lui rendra hommage, ainsi que les peuples éloignés. Il aura une vie longue et suffisante pour régler tout à la gloire de Dieu. Mais puisqu'il ne pourra pas tout faire lui-même, le bras puissant de Dieu remuera le monde. Enfin, après avoir fait triompher l'Eglise sur la terre et reçu la palme du triomphe, il sera, plein de mérite, appelé par le Seigneur à une couronne d'une gloire immortelle en paradis :

il sera pleuré par tous les peuples ; son nom sera immortel et son souvenir gravé dans le cœur des générations futures. »

Cette prophétie a été recueillie par le vénérable prêtre romain, Vincent Pallotti, et communiquée par lui, en 1847, au R. P. Fulgence de Carmagnola, provincial des capucins, à Turin.

Saint Malachie. — « *Ignis pardens*, feu ardent, semble désigner le Pontife-Saint dans cette prophétie.

Une ancienne religieuse (1816).— « Elle refleurira cette religion sainte ; mais ce ne sera ni le Pape ni le Roi actuellement régnants qui la feront refleurir, mais un roi selon mon cœur. Il fera de grandes choses avec un Pape que je donnerai à mon Eglise dans ma miséricorde. Ce n'est qu'à eux qu'il sera donné de rétablir les affaires de l'Eglise. Le nouveau Pape sera un grand personnage et d'une grande sainteté. Par ses exemples, par ses soins et de concert avec le Grand-Monarque qui sera selon mon cœur, ils feront de grandes choses pour la religion, et plusieurs nations entreront dans le sein de l'Eglise ».

Prophétie de Prémol. — « Et je vis un homme, d'une figure resplendissante comme la face des anges, monter sur les ruines de Sion (Rome). Une lumière céleste descendit d'en-haut sur sa tête, comme autrefois les langues de feu sur la tête des Apôtres. *Et les enfants de Sion* se prosternèrent à ses pieds, et il les bénit. Et il appela les *Samaritains et les Gentils*, et ils se convertirent tous à sa voix ».

Mirabilis liber, chapitre XXV. — Cet angélique Pasteur ne s'immiscera en rien dans les affaires du siècle, mais la houlette à la main, il visitera les régions et les terres. C'est pourquoi, par les soins et la sollicitude du dit Pasteur, et sous le gouvernement d'un monarque temporel, il s'établira entre les églises grecque et latine une *union perpétuelle.* Elles ne formeront qu'un centre unique à perpétuité ».

Jean de Rochetaillée. — « Un ange, vicaire du Christ, sera transmis du ciel à la terre, parti du cœur même du Christ ; il fera toutes ses volontés et ramènera les ecclésiastiques au mode de vivre de Notre Seigneur et de ses apôtres. Il condamnera et extirpera tous les vices, semant dans le monde toutes les vertus ; il convertira les Juifs et les Mahométans. Avant il opérera la soustraction de tous les rebelles à la loi de Dieu. L'univers entiers sera pacifié ».

Amadée, évêque de Lauzanne. — « Le Pasteur que Dieu aime et choisit entrera, au temps donné, dans le temple ; Rome sera renouvelée en ces jours et présidera au monde entier. Ce Pasteur sera assimilé au roi David, parce que comme ce dernier avait réformé l'ancienne Jérusalem, celui-là réformera la Jérusalem nouvelle, c'est-à dire Rome et l'Eglise. Et il sera le véritable Fils de l'Eglise, et le Pasteur accepté de tous, de Dieu et des hommes ; le Seigneur lui donnera la grâce et la prudence, et il délivrera ses lèvres et sa langue.... Il joindra l'Eglise Occidentale avec l'Orientale dans une Union perpétuelle ; il créera dix cardinaux dans les pays orientaux et établira en Occident deux grands patriarcats. Parmi ceux qui l'assisteront, il y aura sept prélats très-dignes, semblables aux sept anges qui se tiennent devant Dieu. Il enverra des légats apostoliques dans l'univers, afin qu'ils prennent soin des brebis de Dieu ; la paix universelle et la réformation reparaîtront ».

Prophéties du Pape Benoit XII, xive siècle. — « Je me suis réjoui dans ces paroles où il m'a été dit : A cause de la longue tribulation des vrais chrétiens et l'effusion du sang innocent, la prospérité renaîtra au sein du peuple désolé. Un Pasteur choisi montera sur le trône de Pierre et il sera gardé par les anges. Il accomplira de grandes choses par l'inspiration divine. Plein de douceur et d'une vertu sans tache, il sera le pacificateur universel. Il rétablira les affaires de l'Eglise dont il recouvrera le domaine temporel. Prodige de mansuétude, aidé par ses envoyés, il rétablira l'unité religieuse. Soutenu par la constance divine, il opposera la force d'En-haut à toute puissance ennemie. Il réformera le siècle, et le trône de France sera rendu au souverain légitime. Une seule foi sera en vigueur. Les calamités passeront, et les hommes du Seigneur seront vénérés sous le Pasteur angélique. Il n'y aura plus de divisions dans la grande famille chrétienne, et l'admiration pour la sainteté du pontife sera universelle. Il humiliera l'orgueil des dissidents, et les prélats qui relèveront de son autorité dans le monde entier, auront le cœur et les yeux tournés vers la ville éternelle. Ce pape auguste opérera toutes sortes de réformes, et soumettra à l'église les nations les plus éloignées. Uni avec le Monarque Fort, toutes les résistances contre la vérité seront brisées, et une félicité incomparable règnera parmi les hommes. O Pasteur des pasteurs, tu élèveras à la face des nations deux couronnes, une d'or dans la main gauche, l'autre d'argent dans la droite, marques des promesses divines, comme le signe qui surmontait la baguette de Joseph et que Jacob salua avant de mourir. Le Christ, que représentent ces couronnes, est seul le souverain bien, et le vrai médecin qui répandra le baume sauveur sur nos blessures. Une seule foi sera donc en vigueur au milieu des chrétiens, et un Pasteur unique étendra son autorité sur l'Orient et sur l'Occident. Ta puissance s'étendra au-delà des océans, ô homme de bénédiction ! et ce n'est qu'après trois fois trois temps que tu rendras ton âme à Dieu ».

Le texte latin de cette vaticination, nous a été communiqué par un érudit de la Savoie ; elle est extraite d'un très-vieux manuscrit des archives de Sallanches.

Marie Lataste, dans une double allégorie, représente à son

tour, le Grand Pape et le Grand Roi, l'un et l'autre s'avançant comme des envoyés divins, et pénétrés de la tâche qui leur incombe. Ils sont humbles selon la foi chrétienne, mais animés du courage des messagers providentiels, et ils accomplissent leur mission en prophètes, en héros. Ils sont précédés par les anges, et ils s'en montrent les émules.

B. Joachim. — « Un pasteur glorieux s'assiéra sur le trône pontifical sous la sauvegarde des anges. Pur et plein d'aménité, il conciliera toutes choses, rachètera par ses vertus aimables l'état de l'Eglise, les pouvoirs temporels dispersés ».

Religieuses de Belley. — « Un saint lève les mains au ciel ; il apaise la colère divine. Il monte sur le trône de saint Pierre ».

Prophétie du XVIᵉ siècle. — « Bienheureux l'esprit que la grâce des cieux pour iceux jours a voulu réserver, quand le Grand Pasteur tout à un ralliera pasteurs et bestail. Lors seront les cœurs nettement esclairez d'une saincte ardeur, vérité dévolant... Et en ce temps qu'on verra tous les estats estre à gré, et justice à son degré » (Lyon, Arnoullet, 1572),

Merlin. — « L'Apostolle (le Pontife Saint) et la gent de Gaule feront tresbucher les *desloyaux*, qui trembleront de peur ; et ceux qui devers l'Apostolle se tiendront, en trembleront de joye, qui les surmontera ; parce qu'il verra avaller ses ennemis. Dont perdra le lion ses ongles » (in-4º gothique, 1498).

Mirabilis liber. XXXV. — « Un certain personnage sera consacré Pape, et en peu de temps il réformera l'Eglise... L'Eglise reprendra tout son éclat ».

A.-M. Taïgi. — « Une grande lumière jaillissant de saint Pierre et de saint Paul descendus des cieux, ira se reposer sur le cardinal futur pape ».

Prophétie de Plaisance. — « Un homme juste et équitable,

sorti de la Galatie, sera Pape ; dans tout le monde renaîtra la concorde et la foi ».

Saint-Ange, martyr. — « Un roi s'élèvera finalement de l'antique race des rois de France, d'une insigne piété envers Dieu ; il sera honoré par les princes chrétiens et dévoués à la foi orthodoxe ; il sera aimé d'eux, et sa puissance s'étendra au loin sur la terre et sur la mer. Alors, l'Eglise comme retirée d'une certaine destruction, ce Roi s'unira au Pontife romain et le soutiendra ; l'erreur sera détruite parmi les chrétiens ; l'Eglise sera rendue à l'état que les bons ont choisi pour elle. Il enverra une armée à laquelle s'uniront spontanément de nombreux guerriers, s'élançant au combat pour la gloire de mon nom (c'est Jésus-Christ qui parle) ; et l'amour de la croix qui les transportera, leur obtiendra des trophées dont l'éclat s'élèvera jusqu'au ciel. Le Monarque, équipant bientôt une flotte, passera les mers, rendra à l'Eglise les contrées qu'elle avait perdues. Il délivrera Jérusalem » (Vie de S. Ange, par Enoch, écrite en 1127).

Prophétie des Catacombes. — « Le Grand Pontife sera ramené par le Grand Monarque. Toutes les vertus refleuriront dans l'Eglise de Dieu, surtout dans le sacerdoce. Puis la secte de Mahomet sera détruite ».

Guillaume Postel. — « Par eux (le Pape et le Monarque) aura lieu « le rétablissement de toutes choses : le Pape sera en même temps roi, pontife et juge, tandis qu'il n'y aura sur la terre qu'un même culte ». Postel a vu *venir un siècle d'or; la monarchie universelle sous un roi français.*

V

PROPHÉTIES ACCOMPLIES.

Les prédictions relatives à l'histoire contemporaine et qui

se sont accomplies déja en partie ou en totalité, sont le garant de celles qui restent à se réaliser. Voici une indication sommaire des premières :

Vatiguerro. — Le royaume de France, envahi sur tous les points, sera soumis au pillage, à la dévastation et à la ruine complète ; ses chefs, frappés d'aveuglement par la main de Dieu, ne sauront pas trouver d'armes pour se défendre. Les cités les plus belliqueuses tomberont au pouvoir de l'ennemi. Telles seront les tribulations qui précèderont la restauration du christianisme ».

N'est-ce pas fidèlement l'invasion prussienne ?

Martin, de Gallardon. — L'archange Raphaël avait dit à ce laboureur (1817) : « La France est dans un état de délire ; elle n'est plus que dans l'irréligion, l'orgueil, l'incrédulité, l'impiété, l'impureté, et enfin livrée à toutes sortes de vices. Si elle ne se hâte pas de mettre fin à ses désordres, le plus terrible fléau est prêt à tomber sur la France ; elle sera livrée en proie et en opprobre à toutes les nations, et exposée à tous les malheurs ; d'un fléau on tombera dans un autre. Plusieurs villes seront détruites ».

Nous savons les calamités qui ont frappé le pays ; nous ne pouvons nous empêcher de trembler pour l'avenir.

Le même langage a été tenu, depuis, par le divin Sauveur à sa servante Marie Lataste. Mélanie, bergère de la Salette, a exprimé les mêmes reproches, annoncé les mêmes châtiments.

Proclamation du dogme de l'Immaculée Conception annoncée en 1842. En cette année, Notre Seigneur dit à Marie Lataste : « Ma fille, vos hommages ont été agréés par ma Mère ; ils ont été aussi agréés par moi. Je veux vous remercier et récompenser votre piété par une nouvelle qui vous sera agréable. Le jour va venir où le ciel et la terre se concerteront ensemble pour rendre à ma Mère l'honneur qui lui est dû, dans la plus belle de ses prérogatives. Le péché n'a jamais été en Marie, et sa conception a été pure, sans tache comme le reste de sa vie. Je veux que sur la terre cette vérité soit proclamée et reconnue par tous les chrétiens. Je me suis choisi un Pontife, et j'ai soufflé dans son cœur cette résolution. Il sera dominé par cette pensée pendant tout le temps de son pontificat. Il réunira les évêques du monde pour entendre leurs voix proclamer Marie immaculée dans sa conception. Toutes les voix des évêques se réuniront dans sa voix, et sa voix, proclamant la croyance des autres voix, retentira dans le monde entier ».

La Salette. — « Il viendra, dit la Sainte-Vierge, une grande famine ; si vous avez du blé, il ne faut pas le semer ; tout ce que vous semerez, les bêtes le mangeront. Ce qui viendra, tombera en poussière quand vous le battrez. Avant que la famine vienne, les enfants au-dessous de sept ans seront pris d'un tremblement et mourront entre les mains des personnes qui les tiendront ; les autres feront pénitence par la famine ».

Cette dernière particularité s'est accomplie. Quant à la famine, n'avons-nous pas vu le défaut des récoltes, et le renchérissement des denrées, et la maladie des vers à soie, et celle de la vigne, qui ont ruiné la moitié du Midi, et menacent de mettre le reste à la misère ?

L'abbé Souffrand. — « Après la république (1848), il y aura un Bonaparte qui gouvernera la France ; mais tout cela ne durera pas ».

Mélanie. — La Sainte Vierge lui avait dit : « Que le Saint-Père se méfie de Napoléon III : son cœur est double, et quand il voudra être à la fois pape et empereur, Dieu se retirera bientôt de lui. Il est cet aigle qui, voulant toujours s'élever, tombera sur l'épée dont il voulait se servir pour obliger les peuples à le faire monter ».

Elisabeth Eppinger. — Dès 1848, avant même que Napoléon III montât sur le trône, cette voyante en avait dit : « Il y en a un de ceux qui sont déjà au pouvoir, qui désire être préposé à la France et gouverner seul ; il se donne toutes les peines imaginables pour parvenir à cette dignité ; il promet au peuple des secours et un allégement à ses maux, et à la sainte Eglise protection spéciale ; mais c'est un trompeur et un hypocrite. Un jour, je dévoilerai au peuple la duplicité et les tromperies de cet homme et de ceux qui sont avec lui : c'est là une de ces grâces que j'accorderai à la France ; quant à ses partisans, je les aveuglerai au point qu'ils se trahiront eux-mêmes (c'est Jésus-Christ qui parle) ».

La religieuse de Belley, 1828. — « La famille royale va être punie ; elle me paiera les expiations qu'elle me doit ; mais parce que je me la suis choisie, je ferai pour elle ce que j'ai fait pour Loth, et je la sauverai de Sodome. L'usurpateur viendra s'asseoir sur le trône où ma vengeance le trouvera plus tard. La démence, l'aveuglement règneront ; et l'aveuglement ira jusqu'au bout. Il se fera sentir aux miens, et ils se désoleront ; mais l'épreuve sera courte. Les bons désespèreront durant le succès de l'iniquité, et la France périrait si elle n'était consacrée à Marie ; mais ce qui appartient à ma Mère ne périt pas. L'expiation sera aussi grande que le crime. Quand l'usurpateur croira son triomphe assuré, et qu'il s'applaudira de ce qu'il peut, c'est alors que je le frapperai dans sa force ».

Les sceptiques en matière de prophéties ont-ils quelque chose à objecter ?

Sainte Brigitte. — « Je t'ai fait voir cinq rois et leurs royaumes, dit le Sauveur à la sainte. Le premier est un âne couronné, parce que dégénérant des bons princes (ses aïeux) il a terni son honneur et sa gloire (le roi d'Italie). Le deuxième, loup insatiable, a, par son imprudence, enrichi ses ennemis (Napoléon III). Le troisième, aigle superbe, méprise tout le monde (le czar). Le quatrième, bélier volage, frappant, avançant et brisant, tourne à son profit la justice de Dieu (Guillaume). Le cinquième est un agneau immolé, mais non sans tache, de qui le sang répandu a causé beaucoup de troubles et de subversions (François-Joseph) ».

Religieuse trappistine. — « Quand les méchants auront répandu une très-grande quantité de mauvais livres, les événements (désastreux) seront proches ».

Religieuse de Belley. — « Les méchants veulent tout détruire... Leurs livres, leurs doctrines inondent le monde ».

Prophéties allemandes. — « Une guerre terrible se déchaînera sur le monde, quand les soldats prussiens seront habillés comme ceux qui crucifièrent Jésus ».

L'abbé Souffrand. — « La venue du Grand Monarque que Dieu nous garde, sera prochaine, lorsque le nombre des légitimistes restés vraiment fidèles, sera tellement petit qu'on les comptera ».

Le même. — « Viendra un Bonaparte (après 1848) qui gouvernera la France ; tout cela ne durera pas ; Bonaparte tombera. — Les grands événements seront proches, lorsque vous verrez des guerres en Italie, et que l'Autriche sera amoindrie par suite de ces guerres. — Un des signes qui annoncera les grands événements, sera lorsque Bonaparte changera la monnaie ».

Rosa Colomba. — « Pauvre Louis-Philippe, tu t'enfuiras un jour hors de France et tu iras mourir exilé en Angleterre ! »

La même. — « L'ami de ce nouveau roi (Victor Emmanuel), Napoléon, ne sera pas bien solidement assis sur le trône ; sa déchéance ne sera pas une longue affaire ; un roi légitime le remplacera ».

Prophétie de saint Vincent de Paul. — Au commencement de la Restauration, parut chez Adrien Leclère, à Paris, un opuscule de 12 pages in-12, ayant pour titre : *Dissertation intéressante sur les événements de nos jours.* Il est de tradition dans la congrégation de la Mission, que son saint fondateur confia à la famille d'Argenson, avant de mourir, un papier cacheté, portant défense qu'il fût ouvert avant un siècle, c'est-à-dire avant 1760. Il devait être remis au roi. Ce fut le marquis Paulmy d'Argenson qui porta le pli, introduit par le ministre de Lavrillière. Ces deux personnages sortirent du cabinet de Louis XV, l'air abattu, et ne répondirent aux interrogations des missionnaires lazaristes, que ces mots : « Hélas ! mes chers messieurs, hélas ! recommandons-nous à la Très-Sainte Vierge : hélas ! hélas ! » Le papier décacheté prédisait les troubles et les désolations de 1789 et de la Terreur. Vers 1786, des religieuses de la Visitation de Châlon-sur-Saône, apprirent du pieux directeur de leur maison, qui connaissait la prophétie sus-indiquée, toute la gravité des calamités qui fondraient sur notre pays. « Si vous vivez, leur fut-il dit, dans les années 1790, 91, 92 et suivantes, c'est alors que vous aurez sujet de pleurer, quand toute la France sera bouleversée ; quand le sang ruissellera de toutes parts ; quand le trône sera presque renversé et la religion à deux doigts de sa perte ; quand enfin régnera un chaos d'abominations dans cet infortuné royaume. Cependant Dieu se ressouviendra de ses miséricordes ; les choses changeront de face : à cet état de désolation universelle succèdera un ordre admirable, et l'Eglise de France sera plus florissante que jamais ».

La prophétie indiquait la Sainte Vierge comme seule capable d'apaiser la colère de son Fils, et d'obtenir la conservation de la foi, la fin des fléaux et le retour de la miséricorde. Il est très-vraisemblable que Louis XIII, qui avait la plus grande

confiance en saint Vincent de Paul, et par qui il voulut être
assisté à l'heure de la mort, fut porté par le même saint à
consacrer la France à la Mère de Dieu, et à l'établissement de
la procession si solennelle du 15 août en l'honneur de Marie
Immaculée.

Jérôme Botin, bénédictin, mort en 1420, à Paris, a prédit à
grands traits, les désastres de la réformation, le xviie siècle
avec la majestueuse figure de Louis XIV, le xviiie siècle avec
son cortège d'iniquités. La révolution est peinte en ces termes
dans cette vaticination :

« Alors règnera en France un prince, l'oint du Seigneur,
homme doué de vertus et de douceur, et les ouvriers d'iniquité mettront sa tête à prix, épuiseront contre lui leur
malice, le réduiront en captivité, et sa fin sera plus malheureuse que son commencement, a dit l'Esprit.

« Après qu'on l'aura réduit en captivité, lui et les siens, les
princes et les grands seront entraînés à leur perte.

» Il y aura alors un grand deuil dans l'Eglise du Seigneur,
et il ne demeurera pas pierre sur pierre. Les autels des temples seront détruits. Les vierges du Seigneur seront outragées.

» Les hommes d'iniquité s'enivreront de folies et de crimes,
car ils auront des signes à leurs têtes et sur leurs édifices, a
dit l'Esprit.

» Malheur aux princes et aux grands, parce que leur pouvoir sera détruit !

» Malheur au peuple, parce que ses mains seront teintes de
son sang !

» Malheur à ceux qui gouvernent, parce qu'ils marcheront
dans les sentiers de l'iniquité, et qu'ils auront été enivrés du
sang d'un roi innocent, des grands et du peuple, et que leur
domination sera une domination de perversité, et leur règne

un règne d'abomination, et que dans peu ils seront écrasés et périront. C'est ce que dit l'Esprit.

» Malheur aux princes et aux grands ! Malheur au peuple ! parce que son roi sera immolé comme une brebis ; ses proches seront tués, d'autres seront dispersés, et ceux qui auront fait ces choses diront : *Amen* ».

La suite des événements continue à être marquée dans la prédiction, qui s'arrête à la punition terrible de Paris et à la venue du Grand Monarque.

1789 prédit.— Roussat, langrois, chanoine et médecin, est l'auteur d'un livre (1) publié à Lyon, en 1550. A la page 162, on lit : « Venons à parler de la grande et merveilleuse conjonction que messieurs les astrologues disent estre à venir environ les ans de N. S. mil sept cent octante et neuf, avec dix révolutions saturnales : et oultre environ vingt-cinq ans après sera la quatrième et dernière station de l'altitudinaire firmament. Toutes ces choses imaginées et calculées, concluent les susdits astrologues, que si le monde jusques à ce et tel temps dure (ce qui est à Dieu seul connu), de très-grandes, merveilleuses et espouvantables mutations et altérations seront en cestuy universel monde, mêmement quant aux sectes et aux loix. »

Voilà la date de 1789 bien précisée. Pierre Turrel, recteur des écoles de Dijon, s'exprime à peu près de la même manière, en 1531, dans un écrit qu'il intitula : *La Période, c'est-à-dire la fin du monde, contenant la disparition des choses terrestres par la vertu et influence des corps célestes.*

Le cardinal d'Ailly, l'*Aigle des docteurs de France*, déclare lui-même, conformément au livre d'Albumazar, *De mag-*

---

(1) En voici le titre : « *Livre de l'estat et mutation des temps, prouvant par authoritez de l'Escriture saincte, et par raisons astrologales, la fin du monde être prochaine.*»

nis conjunctionibus, Venise, 1515, l'influence redoutable des grandes révolutions de la planète Saturne : non-seulement ses conjonctions avec Jupiter produisent un refroidissement extrême, mais elles sont funestes aux individus aussi bien qu'aux empires. Or, en l'année 1414 aura lieu la huitième de ces grandes conjonctions, et après elle, dans *l'année 1789* de notre ère. « Si le monde existe encore en ce temps-là, il y aura de nombreux, de grands, d'extraordinaires changements et troubles dans le monde, principalement en ce qui a rapport aux institutions. »

Jean Muller, savant professeur, puis évêque de Ratisbonne, où il mourut en 1476, a également prédit la révolution de 1789 dans huit vers latins, dont voici la traduction : « Après mille ans accomplis depuis l'enfantement de la Vierge, et que de plus sept cents ans se seront écoulés, la quatre-vingt-huitième année sera une année bien étonnante, et entraînera avec elle de tristes destinées. Dans cette année, si toute la race perverse n'est pas frappée de mort, si la terre et la mer ne se précipitent pas dans le néant, du moins tous les empires du monde seront bouleversés, et il y aura de toutes parts un grand deuil. »

Quel concert ! quelle précision ! quelle prophétie !

Le P. Coma n'a-t-il pas, dans les paroles suivantes, montré le roi de Naples détrôné ? « Ne vous étonnez pas si vous voyez un jeune et inexpérimenté monarque, renversé de son trône par des menées ténébreuses, chercher un asile dans la ville éternelle. »

Le texte ci-après du même religieux n'est-il pas assez transparent ? « Ne vous étonnez pas si vous voyez la vaine et ignorante impudicité d'une femme renversée par ceux-là même qui l'ont partagée, et chercher un court asile dans un foyer de corruption. »

Et de même ce qui suit : « Ne vous étonnez pas enfin si vous voyez un voleur couronné tomber ignominieusement au moment même où il va consommer, quoique forcé, un nouveau sacrilége ? »

Rosa Colomba.— Cette religieuse dominicaine avait prédit, comme A.-M. Taïgi, l'avénement de Pie IX, son exil, son retour à Rome, la chute de Louis-Philippe, le règne et le renversement de Napoléon. Elle avait dit du roi Charles-Albert : « Il accourra le premier sur le champ de bataille. Vaincu et obligé de fuir en exil, il ira mourir aux confins de l'Espagne. A Charles-Albert succèdera un roi puéril qui sera détrôné ou absorbé par les sectes. »

Holzhauzer, qui, en commentant l'Apocalypse, n'a pu que dévoiler, au xviiᵉ siècle, bien des mystères à venir, compare le travail des sociétés secrètes à celui des taupes, qui perforent la terre dans tous les sens. Il met également en scène un chat dont le rôle hypocrite est des plus acharnés. N'a-t-il pas voulu faire allusion à M. de Bismark, lequel porte, dit-on, un chat dans son blason ?

Prophétie de Prémol.— Découvert en 1833, ce curieux document indique les abominations de la Terreur, l'immolation de Louis XVI, le premier empire, sa chute, la Restauration, 1830, règne du Veau d'or, la catastrophe de 1848, le second empire, l'invasion prussienne, la Commune. Le reste est pour l'avenir.

Le phénomène aérien de Vienne a trait au règne de Louis-Philippe, à la révolution du mépris qui l'a chassé, et pour la suite comme la prophétie de Prémol.

Voir ci-devant ce qui est rapporté des prédictions accomplies d'Anna-Maria Taïgi.

Prophétie de saint Remy.— Depuis bientôt quinze siècles, cette prophétie, dite à Clovis lors de son sacre, reçoit dans l'histoire de France une éclatante réalisation : « Le royaume est victorieux et prospère tant qu'il reste fidèle à la foi romaine et ne commet pas de ces crimes qui ruinent les nations ; mais il est rudement châtié toutes les fois qu'il est infidèle à sa vocation. »

Laurent Miniat, italien.— Il vivait en 1460. Sa prophétie marque les séditions et les bouleversements qui ont désolé les peuples actuels, les maux et la dépossession de l'Eglise. Il fait tout réparer par le Pontife Saint et le Grand Monarque.

Jérôme Botin a montré les faits et les ébranlements du XVIe, du XVIIe, du XVIIIe, du XIXe siècle; il s'arrête aux deux réparateurs annoncés.

Olivarius raconte la révolution et ses suites. Après avoir dit les phases de la vie de Napoléon Ier, arrivé à la déroute de Moscou, le voyant parle ainsi : « Là, ses ennemis brûleront par feu la grande ville, et lui entrera et sortira avec siens de dessous les cendres : force ruines ; et les siens n'ayant plus ni pain ni eau, par grande et décide froidure, qui seront si malencontreux, que les deux tierces parts de son armée périront, et en plus par demie l'autre, lui n'étant plus dans sa domination... La prédiction ne s'arrête qu'au Monarque fort. »

La prophétie d'Orval est semblable à celle d'Olivarius, et embrasse la même durée. Pour avoir une idée de sa précision, il faut reproduire ces mots sur la catastrophe de février 1848 : « Le roi du peuple en abord moult faible, et pourtant contre ira bien des mauvais ; mais il n'était pas bien assis et voilà que Dieu le jette bas. » Maintenant l'invasion prussienne, et celle-ci à une date indiquée : « Dieu grand ! Quel bruit d'armes ! Il n'y a pas encore un nombre plein de lunes (le cycle lunaire ou 19 ans) et voici venir maints guerroyers... Malheur à la grande ville ! Voici les rois armés par e Seigneur. »

Le Père Neoktou prophétise, lui aussi, sur les mêmes événements, et il a des traits comme celui-ci : « Un nom odieux à la France sera placé sur le trône : un d'Orléans sera roi ».

L'Unita cattolica a publié une prophétie authentique de Pie VII, écrite à Fontainebleau, et confiée à un serviteur, pour être ouverte en 1846, date de l'exaltation de Pie IX. Ce pape y était désigné par son nom, par le nom d'Imola, son archevêché, et les douloureuses circonstances de son règne y étaient précisées.

Richard de Toustain, abbé du Mont Saint-Michel, avait annoncé « les plus grands malheurs à la postérité du roi qui ne prierait pas et n'honorerait pas le B. Archange, patron de la monarchie française, dans son sanctuaire ». Or, Louis XV a été le premier de nos rois qui se soit dispensé de faire au moins un pélerinage au Mont Saint-Michel. Le manuscrit de l'abbé Richard de Toustain existe encore dans le trésor du monastère.

Le P. Calliste, religieux de Cluny. XVIIᵉ siècle. Après une peinture rapide de la Terreur, le prophète tient ce langage d'une précision qui terrifie :

« Trois fleurs de lys de la couronne royale tomberont dans le sang (Louis XVI, Marie-Antoinette, Madame Elisabeth) ; une autre tombera dans la fange (le duc d'Orléans) ; une cinquième sera éclipsée (Louis XVII). Les méchants se dévoreront les uns les autres. Du sang.... du sang sera bu.

» Une épée flamboyante surgira de la mer, et, rouge de sang, elle s'y replongera par deux fois ; les épaves d'un grand naufrage seront repoussées par les flots du Nord (Napoléon Iᵉʳ). Les miséricordes de Dieu seront foulées aux pieds.

» On croira pouvoir marcher en avant sans le concours de Dieu ; il le retirera ; peuple et roi seront abandonnés de lui les dépositaires des pouvoirs seront dispersés (1830, 1848, 1871).

» Eglise de Dieu, tu gémiras encore ! Ministres du Seigneur vous pleurerez de nouvelles profanations.

» Du sang... du sang sera bu et encore bu (la crise prochaine). La terre sera purifiée de ses crimes par le feu et elle dévorera ceux qui se seront plongés dans l'iniquité.

» Une splendide fleur de lys sort d'une nuée. Gloire à Dieu ! La foi renaît ; un homme, pur instrument de Dieu, en vient rallumer le flambeau. Heureux ceux qui auront survécu ! Gloire à Dieu ! » (*Futuri destini*, Torino, 1871).

Nous pourrions étendre cette énumération, mais, outre que nous désirons ménager l'espace, pour ce que nous avons encore à exposer, nous croyons que ce qui précède suffit pour convaincre le lecteur et couper court à toute objection sérieuse contre la vérité des prophéties, Passons à ce qui regarde Paris et l'Europe, pour envisager ensuite spécialement l'Allemagne, la Pologne, l'Orient, et nous arrêter finalement sur des promesses consolantes.

VI

VATICINATIONS CONTRE PARIS ET CONTRE PLUSIEURS AUTRES GRANDES VILLES.

Les ruines qui hérissent le vieux sol américain, celles qui attirent les archéologues sur les rivages de l'Asie ou fleurirent de grands empires, l'Afrique et l'Europe elle-même, dans la destruction de villes superbes, nous présentent des exemples de la colère céleste contre les nations criminelles. Il faut songer à ces catastrophes du passé, pour ne pas traiter de

chimères les formidables menaces que les voyants ont pro-
noncées contre Paris, la Babylone moderne. Nous ne com-
menterons pas, nous citons :

Jérôme Botin. — « Voici le moment où le Seigneur doit,
par sa vengeance, montrer la grandeur des crimes dont elle
s'est souillée ; il va faire tomber sur elle tous les maux dont
elle a accablé les autres. Le Seigneur a présenté, par la main
de cette ville impie, dévastatrice des temples, meurtrière de
ses prêtres, de ses rois et de ses propres enfants, le calice
de sa vengeance à tous les peuples de la terre. Toutes les
nations ont bu le vin de sa fureur ; elles souffrent toutes les
agitations de sa cupidité ; mais, en un moment, Babylone est
tombée et elle s'est brisée dans sa chute ».

Le B. Labre (lettre à Pie VI). — « Paris sera détruit à
cause de ses blasphêmes ; une pierre n'y restera pas sur
l'autre ».

Mélanie (de la Salette). — « Paris sera brûlé ».

Le P. Ricci. — « La grande Babylone s'écroulera ».

Livre des fleurs célestes. — « Qu'adviendra-t-il de moi
dans l'impie Babylone, lorsque je lui annoncerai vos ven-
geances et qu'elle sera détruite jusqu'à sa dernière pierre ».

Correspondance Hoenlohe. — « Paris sera détruit ; le feu
qui tomba sur Sodome et Gomorrhe, tombera sur elle, et,
pour la détruire, le ciel s'unira à la terre : trois jours, Paris
sera enseveli sous une pluie de soufre, et on n'y verra plus que
des précipices. Cette ville ne sera plus jamais rétablie Dieu
veut d'un grand mal tirer un grand bien. Cela arrivera
bientôt ».

Jean de Vatiguerro. — « Le monde chrétien entier fré-
mira d'épouvante et de regret au récit de la prise et de la
dévastation de la plus noble des cités, de la belle et puissante capitale du royaume de France ».

Le Père Necktou. — « Durant le bouleversement général, Paris sera entièrement détruit ; tellement que, lorsque vingt ans après, les pères se promèneront avec leurs enfants dans ses ruines, ceux - ci leur demandant ce que c'est que que cet endroit, ils répondront : Mon fils, il y avait là une grande ville que Dieu a détruite à cause de ses crimes ».

Religieuse trappistine, 1820. — « Tout l'univers sera étonné d'apprendre la destruction de la plus belle, de la plus superbe ville ! Je dis superbe par ses crimes. Je l'ai en abomination. Elle a empoisonné toutes les nations par sa malheureuse philosophie, qui répand partout l'impiété ; c'est cette maudite Babylone qui s'est enivrée du sang de mes saints, et elle désire encore le verser. Elle mettra le comble à ses terribles forfaits, et moi je lui ferai boire le vin de ma colère ; tous les maux tomberont sur elle à la fois et dans un seul instant. — Je n'entendis plus la voix, mais un bruit effroyable ; un gros nuage se divisa en quatre parties, qui la dévorèrent, s'élevèrent dans les airs, et de suite je ne vis plus rien qu'une vaste terre noire comme du charbon ».

Marie Lataste. — « Un jour, je vis l'ange exterminateur planer sur la grande ville. Il me sembla être sur une grande place de Paris. Au milieu de cette place, je vis un jeune homme sur une colonne. Il était revêtu d'une robe rouge et portait un diadème sur la tête ; il tenait un glaive dans le fourreau et un arc entre les mains. Ses regards étaient foudroyants et sa bouche prête à lancer des menaces. Je vis inscrit au-dessus de sa tête, en caractères de feu : L'ange exterminateur » (lettre XVI). Un autre jour, le divin Sauveur lui fit entendre ces paroles : « O Paris, ville exécrable, depuis longtemps tu mérites mon indignation, et si je n'ai point fait tomber sur toi les flots de ma colère, c'est par un effet de ma miséricorde. J'ai arrêté mon bras vengeur déjà prêt à s'appesantir sur toi. J'ai épargné la multitude innombrable des pêcheurs pour ne pas frapper les justes. Tes habitants te maudiront un jour, parce que tu les auras saturés de ton air empesté, et ceux à qui tu auras donné asile, te jetteront leur malédiction, parce qu'ils auront trouvé la mort dans ton sein » (lettre LXXXlV).

Anne-Catherine Emmerich. — « Je crus apercevoir une grande ville, qui était particulièrement adonnée au vice et dont le sol était miné. Une multitude de démons y activaient l'œuvre de destruction ; leur travail souterrain était déjà fort avancé, et la cité me parut sur le point de s'effondrer aux endroits où s'élevaient les grands édifices. Je me suis souvent laissé aller à penser que Paris était menacé d'une ruine inévitable ».

Prophétie de Prémol. — « Ah ! le dragon s'est jeté sur tous les Etats et y porte la plus effroyable confusion ; les hommes et les peuples se sont levés les uns contre les autres ! Guerre ! guerres civiles, guerres étrangères ! Quels chocs effroyables ! Tout est deuil et mort et la famine règne aux champs ! Jérusalem ! Jérusalem ! (Paris) sauve-toi du feu de Sodome et Gomorrhe et du sac de Babylone ! Hé ! quoi, Seigneur, votre bras ne s'arrête pas ! N'est-ce donc pas assez de la fureur des hommes pour tant de ruines fumantes ? Les éléments doivent-ils encore servir votre colère ? Arrêtez, Seigneur, arrêtez ! Vos villes s'abîment d'elles-mêmes !»

Le solitaire d'Orval. — « Malheur à toi, grande ville ! Voici les rois armés par le Seigneur ; mais déjà le feu t'a égalée à la terre. »

L'abbé Souffrand. — « Paris sera détruit, tellement détruit que la charrue y passera. »

Le curé d'Ars. — Notre-Seigneur Jésus-Christ se rendai corporellement visible à ce saint prêtre, pendant qu'il célébrait le saint sacrifice. C'était le moment des plus ferventes invocations du patriarche. Un jour qu'il demandait grâce pour Paris, on l'entendit prononcer douloureusement ces mots : « Mon Dieu, vous ne voulez donc pas pardonner à cette ville coupable ! »

Oracles sibyllins. — « Malheur à toi, ville des philosophes ! Hélas ! hélas ! malheureuse cité ! car un jour le soc de la charrue passera sur tes ruines, et un père, en les examinant attentivement, dira à son fils : Paris était là. »

L'Apocalypse. — Le passage suivant est appliqué à Paris par les commentateurs : « Babylone sera dévorée par le feu, parce que le Dieu qui la jugera est le Dieu fort... Et les marchands de la terre pleureront et gémiront sur elle, parce que personne n'achètera plus leurs marchandises, ces marchandises d'or et d'argent, de pierreries, de perles, de fin lin, de pourpre, de soie, d'écarlate, de bois odoriférant et de vases d'ivoire, de pierres précieuses, d'airain, de fer et de marbre. »

Religieuse de Belley, 1823. — « Paris périra, les bêtes elles-mêmes n'en approcheront plus. »

Prophétie de Grenoble, 1853. — « Aussitôt, à la lueur des éclairs et des flammes, l'extatique vit Paris qui brûlait et un personnage étendu mort sans sépulture. Ceci arrivera bientôt, dit Notre-Seigneur. Malheur aux villes ! malheur aux prêtres ! Quand on apprendra la mort de ce personnage, qu'on fuie, qu'on se cache, c'est le jour de ma justice ! »

Prophétie dite de saint Thomas, XIIIe siècle. — « Pleure, malheureuse Babylone, que de tristes jours attendent ! Comme la moisson même, tu seras fauchée, à cause de tes iniquités. »

S. XX. — « C'était dans une grande ville (Paris), la foule allait et venait, mais de tout ce monde personne ne s'occupait de Dieu ; tous ne pensaient qu'aux plaisirs sensuels. Soudain des ténèbres épouvantables couvrirent toute la terre ; c'était comme une fumée brune tirant sur la couleur de feu. Le gros nuage se divisa en quatre parties, qui tombèrent à la fois sur la grande ville, et dans un instant *elle fut en feu.*

» A ce spectacle terrifiant, la foule se mit à fuir comme pour sortir de la grande cité. Tout ce peuple était tellement épouvanté que les cheveux se dressaient sur la tête... .

Tout à coup j'entendis dans les airs une voix qui criait : « Malheur ! malheur à la terre ! » Je tournai le regard de ce côté, et je vis une figure environnée de lumière. Elle était très-élevée, mais je la distinguais nettement. « Pourquoi, lui demandai-je, malheur à la terre? » — « Parce que, me répondit-elle, les hommes commettent à l'envi l'iniquité . » — « Criez donc, lui dis-je, criez donc, afin que tout le monde se convertisse. » — « Je crie, je crie, et personne ne veut écouter. »

» La voix qui menaçait devenait de plus en plus forte. Bien qu'attentive à ces avertissements, je ne perdais pas de vue le tumulte qui continuait. Finalement, la voix retentissant d'une manière plus terrible encore, dit : « Le Seigneur va lancer ses foudres sur les hommes. »

» Tout à coup, sans que j'eusse le temps de parler, un craquement que nulle langue ne peut peindre éclata. Personne ne saurait exprimer cet horrible fracas. A ce bruit indescriptible, je restai un certain temps comme n'étant plus de ce monde. Ces menaces, c'est contre Paris qu'elles ont eu lieu. Je les signale avec un entraînement irrésistible. Si j'en avais la liberté, il me semble que je les publierais comme ce juste avertisseur qui, bien des mois avant la chute de la cité déicide, la parcourait en criant : « Malheur ! malheur à Jérusalem ! »

Le P. Ricci. — « La grande Babylone s'écroulera. »

Olivarius. — « Dans Lutetia, la Seine rougie par sang,

suite de combats à outrance, étendra son lit par ruine et mortalité. »

Mélanie.— « Lyon, Marseille et d'autres villes subiront des secousses et des dommages effrayants. »

La petite Marie des Terreaux a prophétisé sur Lyon en ces termes : « Je vis un ange qui descendait du ciel, armé d'une faulx couverte d'un crêpe noir. Notre-Seigneur appuyait sa main sur le bras de l'ange, comme pour donner de la vigueur aux coups qui allaient être portés. Notre-Seigneur lui dit: «Frappe! » Aussitôt la Sainte Vierge, s'élançant avec la rapidité de l'éclair, s'écria : «Arrêtez, mon Fils, arrêtez! cette ville m'est dévouée.» Son Fils lui obéit à l'instant, et ayant levé sa main de dessus le bras de l'ange, Jésus-Christ remonta au ciel et tout disparut.»

La même.— « Je vis un nuage noir, si effrayant qu'il me cachait tous les Brotteaux. J'en fus épouvantée, tant il était épais. J'avais toujours les yeux fixés sur ce nuage noir. Le bel enfant (son ange gardien) me dit : « Retourne-toi ! » Là je vis Lyon comme enveloppé par une clarté belle et pure; elle n'était ni celle du soleil, ni celle de la lune, mais elle était brillante et argentée. Cette lumière partait de Fourvière où elle était encore plus éclatante. L'enfant ajouta : « Lyon sera sauvé, la sainte Vierge a donné sa bénédiction à la ville. Il ne faut pas la quitter, ce serait manquer de confiance en la Mère de Dieu. » ..... L'enfant me fit voir le quartier des Brotteaux avec une baguette qu'il tenait à la main, et prenant un air menaçant, il dit jusqu'à trois fois : « Il périra, il périra, oui, il périra, à cause des crimes qui s'y commettent. C'est là que Dieu est le plus offensé par toutes sortes d'impuretés. En un mot, c'est une autre Sodome. C'est là que se font tous les complots de la Révolution. »

« Je vis un monstre dans les airs, dit encore la petite Ma-

rie, qui criait : « Paris périra comme Sodome et Gomorrhe !
Plusieurs grandes villes périront !... Une grande ville périra ! une grande ville périra ! » Je courus après cette voix en
lui demandant : « Laquelle ? » Il ne me fut rien répondu dans
ce moment. Un peu après, j'entendis encore crier : « Si la
ville de Lyon ne se convertit pas, elle périra aussi ! »

Mélanie. — « Paris sera brûlé et Marseille engloutie ;
plusieurs grandes villes seront ébranlées et englouties par des
tremblements de terre ».

Matay. — « Trois grandes villes et cinq petites périront de fond en comble ».

Une ancienne religieuse. — « Je vis de grands troubles
dans Paris, Lyon, Genève et Rouen ».

Le P. Léonard. — « Une grande partie de Lyon sera
détruite ».

Religieuse de Belley. « La seconde ville du royaume sera
frappée, et ils ne croiront point encore. — Une troisième
sera frappée, et ils commenceront à crier merci ».

Prophétie vendéenne. — « Le triomphe des méchants est
troublé par un orage épouvantable ; cet orage, qui sera général, aura cela de particulier que des vagues de feu tomberont du ciel sur les lieux les plus coupables, et les consu-
meront. A ce châtiment du ciel seront jointes la famine et la
peste ».

Le R. P. L. — « Une grande partie de la ville de Lyon
sera détruite, et Paris entièrement ».

Correspondance Cavayon. — « En outre de la punition
terrible que Dieu exercera contre les chefs des impies, il en
exercera pareillement de bien affligeantes sur les villes coupables ».

Palma. — « La république sera proclamée en France, en
Espagne, en Italie. Une mort violente menace Napoléon loin

des Tuileries. Il y aura la peste et la famine. Des signes extraordinaires apparaîtront. Rome sera particulièrement éprouvée. Au moment où les méchants voudront s'en emparer, ils seront arrêtés aux portes par l'Ange exterminateur. Le pape de l'Immaculée-Conception verra le commencement du triomphe de l'Eglise... »

VII

LA GRANDE CRISE.

La conscience publique, d'accord avec les vaticinations, a le pressentiment de la grande expiation qui se prépare. Le désarroi des idées, l'énervement des énergies, l'absence des supériorités, les entreprises à peine dissimulées de la révolution contre l'Eglise, ce ne sont partout que les prodromes de l'ébranlement universel. Ecoutez plutôt les voyants eux-mêmes :

Le P. Neckton voit un bouleversement général ; le P. Léon, des signes terrifiants dans le ciel ; les prophètes sont unanimes sur l'horreur des catastrophes prochaines.

Commentaire inédit sur l'Apocalypse. — « Le mal atteindra d'une manière particulière, nous le pensons, les nations de la *Mer* (l'Allemagne), en punition de leur attachement obstiné à l'hérésie... Je vais, poursuit le Sauveur, accabler d'afflictions ceux (les princes ennemis de l'Eglise) qui commettent l'adultère avec elle (Jézabel, femme de fornication), s'ils ne font pénitence de leurs œuvres ».

Correspondance de M. Cavayon. — « La rage et la fureur des impies ne se portera pas d'abord directement contre les prêtres, mais contre Jésus-Christ lui-même ; on attaquera sa divinité pour détruire la religion dans sa racine. Nous serons environnés de gens qui se diront nos amis ; par prudence et fausse politique, ils nous engageront à nous retirer et à nous mettre à l'abri ; gardons-nous bien de les écouter ; tenons-nous fermes à notre poste. Les impies jetteront feu et flammes contre les zélés défenseurs de l'Eglise ».

Même correspondance :

« Mais pendant le temps que durera la persécution, dit une religieuse Bernardine, les fidèles ne doivent rien craindre et mettre leur confiance en Jésus-Christ ; car le Seigneur a pris sa cause en main, et heureux ceux qui se confieront à sa protection ».

Même correspondance : « Que les bons, les fidèles sachent, disait le Sauveur dans ses communications à une âme pieuse, qu'une trop grande inquiétude sur les événements qui doivent arriver serait envers moi une défiance qui m'offenserait ».

La prophétie du cardinal Laroche, fut trouvée dans les papiers de ce prince de l'Eglise, sans nom d'auteur. On la croit moderne :

« Pendant cette persécution, dit-elle, les chrétiens souffriront beaucoup pour la foi : mais heureux ceux qui resteront constants jusqu'à la fin ! »

S. XX. — « Je m'endormis, je vis une verge de feu étendue sur la terre. Elle marquait des châtiments. L'impression que j'éprouvai ébranla mon être, et je m'éveillai complètement avec le sentiment incommunicable de cette menace divine ».

« C'est encore pendant mon sommeil que j'ai assisté aux ébranlements d'une bataille immense. C'étaient comme d'innombrables tonnerres qui éclataient. La seule pensée de ce carnage, de ces fureurs déchaînées, me glace encore d'effroi. Chose étrange ! j'étais contraint par une force irrésistible à contempler de près cette conflagration où le fer et le feu moissonnaient des combattants innombrables et dont le fracas s'élevait jusqu'aux astres. J'assistai à toutes les péripéties de cette lutte gigantesque.

» Quel ne fut pas mon étonnement, lorsque à la fin, je vis un cheval blanc, noble, superbe, majestueux, du côté des armées auxquelles devait rester la victoire : cet animal symbolique (c'est l'image du Grand Monarque) décida du triomphe. Ce qu'il fit est si sublime, qu'aujourd'hui ces scènes colossales sont aussi présentes à ma mémoire qu'au moment où je les avais sous les yeux ».

El. Canori Mora. — « Les mauvais esprits dévasteront tous les lieux où Dieu aura été outragé, blasphémé et traité d'une manière sacrilége : ces lieux seront ruinés et anéantis ». Ne pensez-vous pas au château de Saint-Cloud, aux Tuileries, à l'Hôtel de Ville, réduits en cendres ?

Prophéties allemandes. — « Un temps viendra où les hommes ne croiront plus à Dieu. Ils chercheront à secouer le pouvoir des princes et des magistrats. Ils seront infidèles aux monarques... La religion catholique sera en butte à mille attaques, et l'on s'efforcera de la détruire par la ruse ».

A.-M. Taïgi. — « Pendant plusieurs jours de suite, dit le cardinal Pedicini, Anna vit se répandre sur le monde entier des ténèbres excessivement épaisses. Ce fléau lui avait été manifesté à plusieurs reprises, dans le mystérieux soleil ».

La sœur Rosa Colomba et la voyante Palma ont annoncé les mêmes ténèbres. Elles sembleraient devoir durer trois jours.

Mélanie déclare à la France que Dieu ne se souviendra plus d'elle pendant un ou deux ans ; la *Correspondance Cavayon*, qu'il y aura une persécution plus violente que celle de la première Révolution ; le laboureur Martin, que notre patrie sera en opprobre aux autres nations.

Une formidable tempête passera sur l'Italie, affirme M. Stiefel.

A.-M. Taïgi. — « Un jour viendra où le Pape, enfermé au Vatican, se trouvera comprimé comme dans un cercle de fer. Toute espérance humaine sera perdue, et c'est alors que Dieu fera éclater, tout d'un coup, sa miséricorde ».

« .... Les cadavres des hommes tués aux environs de Rome, seront aussi nombreux que les poissons charriés dans cette ville par un récent débordement du Tibre.

» Tous les ennemis de l'Eglise, cachés ou apparents, périront pendant les ténèbres, à l'exception de quelques-uns que Dieu convertira bientôt après.

» L'air sera alors empesté par les démons, qui apparaîtront sous toutes sortes de formes hideuses. Les cierges bénits préserveront de mort, ainsi que les prières à la Très-Sainte Vierge et aux saints anges.

» Après les ténèbres, saint Pierre et saint Paul, descendus des cieux, prêcheront dans tout l'univers, et désigneront le Pape, qui viendra après Pie IX (*Ignis ardens*). Une grande lumière, jaillissant de leurs personnes, ira se reposer sur le cardinal futur Pape.

» Saint Michel archange, paraissant alors sur la terre sous la forme humaine, tiendra le démon enchaîné, jusqu'à l'époque de la prédication de l'Antechrist.

» En ce temps là, la religion étendra partout son empire, (*Unus Pastor*). Les Russes seront convertis ainsi que l'Angleterre et la Chine, et le peuple sera dans la jubilation en contemplant ce triomphe éclatant de l'Eglise.

» Après les ténèbres, la *Santa Casa* de Lorette sera transportée par les anges à Rome, dans l'Eglise de Sainte-Marie-Majeure ».

P. Necktou. — « Il se formera en France deux partis qui se feront une guerre à mort. L'un sera beaucoup plus nombreux que l'autre ; mais ce sera le plus faible qui triomphera ».

La Sœur de la Nativité. — « Je vois clairement deux partis qui vont désoler la France : l'un·sous le coup de la persécution, et l'autre, sous le coup de l'anathème de Dieu et de son Eglise. Les deux partis se sont dejà placés, l'un à droite et l'autre à gauche de leur juge, et représentent tout à la fois le ciel et l'enfer. Comme sur le Calvaire, les uns m'adorent, dit Jésus-Christ, les autres m'insultent et me crucifient ; mais ma justice aura son tour ».

La Mère du Bourg. — « Il y aura dans notre France un renversement effroyable. Cependant ces jours seront abrégés en faveur des justes. Il y aura une crise terrible. La justice punira ; mais la miséricorde viendra, et nous serons sauvés ».

Religieuse trappistine (1816. — « Il me fut dit : Tu vois les crimes que l'on commet ?... Je vais donc encore frapper la France pour le bonheur des uns et le malheur des autres. Je vis en ce moment un gros nuage, qui était si noir que j'en fus épouvantée. Il couvrit toute la France ; et dans ce nuage j'entendis des voix confuses qui criaient : les unes, Vive la République ! les autres, Vive Napoléon ! les autres, Vive la religion et le Grand Monarque que Dieu nous garde ! »

La Mère Marie de Jésus. 1797-1854. — « Je me trouvai dans une espèce de temple qui semblait tout triste et tout sombre ; j'aperçus ·devant moi, et quoi ? Mon Dieu quelle abomination ! une déesse assise sur l'autel, et une foule de peuple malheureux qui lui rendait ses hommages.

» Le cœur saisi de la plus vive douleur, je m'abimai dans le plus profond de mon âme, en réparation. Mais que vois-je de plus affreux encore ! tout le pavé de ce temple couvert de vases sacrés, de saintes hosties, d'ornements d'église, qui étaient là par terre. Mon Dieu, de quelle profonde tristesse et dans quelle amertume ne fut pas plongé mon cœur et tout moi-même ! En ce moment, j'entends très-distinctement ces paroles de Jésus, le bien-aimé de mon âme : *Regarde, vois combien d'outrages j'ai reçus dans le sacrement de mon amour, et tous ces outrages n'ont pas été réparés !* »

Prédiction de l'Oba (château de la Suisse). — « Toutes les puissances de l'Europe seront liguées contre eux (les apostats) ; ils rassembleront leurs forces pour leur résister. Alors Dieu les abandonnera à leur sort : l'armée employée au relèvement sera exhortée par le chef à la modération dans la victoire. Ses succès seront éclatants ; les temples retentiront de *Te Deum* et d'autres actions de grâces et cris de victoire ».

Mélanie. — « Dieu va frapper d'une manière sans exemple ».

M. Stiéfel. — « Il arrivera des événements comme il n'y en aura jamais eu auparavant ».

Le P. Léon. — « Des signes terribles et épouvantables paraîtront dans le ciel ».

Sainte Brigitte. — « La moëlle de leur os en séchera ».

Matay. — « Les plus rassurés trembleront ».

L'abbé Souffrand. — « Le sang coulera par torrents ».

M. Stiéfel. — « Une maladie pestilentielle sortira de l'Asie et exercera ses ravages d'un bout de l'Europe à l'autre ».

Le P. Léon. — « Elle sera étonnante par son peu de durée et par le nombre et le choix de ses victimes ».

Le même. — « Il y aura aussi une famine ».

S. Ange. — « La famine, la peste et la division se feront sentir avec acharnement ».

Rosa Colomba. — « Avec le précurseur de l'antechrist (Garibaldi), marcheront de nombreux sectaires, appuyant du poignard la prédication de leur nouveau principe contre l'Eglise. Leur astuce sera si déliée qu'ils gagneront même à leur parti des gens bien pensants. L'épiscopat en général tiendra ferme ; quelques-uns de ses membres feront à peine défaut à la foi ; mais presque tous auront beaucoup à souffrir pour leur courage et leur fidélité à la Sainte-Eglise. Beaucoup de protestants viendront en retour consoler les enfants de Dieu par leur conversion au catholicisme. L'Angleterre elle-même donnera ce grand exemple.

» La Révolution doit s'étendre à toute l'Europe où il n'y aura plus de calme qu'après que la fleur blanche sera de nouveau remontée sur le trône de France ».

J. de Vatiguerro, la sœur de la Nativité, le P. Necktou et d'autres constatent les sombres desseins de la libre-pensée et de l'athéïsme contre l'église, seule sauvegarde de la paix et de l'harmonie sociale. La peste, la guerre et la famine dévasteront la terre. La consternation sera universelle. La guerre sera générale. Saint François de Paule promet aux souverains les châtiments qu'ils auront mérités.

Elizabeth Canori Mora. 1874-1825. — « Tous les hommes seront en révolte ; ils se tueront mutuellement et se massacreront sans pitié. Pendant ce combat sanglant, la main vengeresse de Dieu sera sur ces malheureux, et par sa puissance il punira leur orgueil et leur témérité. Il se servira du pouvoir des ténèbres pour exterminer ces hommes sectaires et impies, qui voudraient renverser la Sainte-Eglise et la détruire jusques dans ses fondements. Par leur malice audacieuse, ces hommes iniques prétendent faire descendre Dieu de son trône suprême ; mais il se rira de leur astuce et, par un signe de sa main puissante, il punira ces perfides et ces blasphémateurs, en permettant aux puissances ténébreuses de sortir de l'enfer. D'immenses légions de démons parcourront alors le monde entier, et par les grandes ruines qu'ils causeront, ils exécuteront les ordres de la justice divine. Ils s'attaqueront à tout, et nuiront aux hommes, aux familles, aux propriétés, aux substances, aux cités, aux villages, aux maisons, et rien de ce qui est sur la terre ne sera épargné, Dieu permettant que ces sycophantes soient châtiés par la cruauté des démons et punis d'une mort tragique et barbare, parce qu'ils se seront soumis volontairement au pouvoir infernal, et qu'ils se seront ligués avec lui contre l'Eglise catholique ».

Le P. Hyacinthe Coma, (mort en 1849). — « Le monde, ce pauvre monde court à pas de géant vers sa ruine ; mais il s'en relèvera avec la grâce de Dieu et par l'intercession de la Vierge immaculée, notre très-aimante Mère.

» Les gouvernements qui régissent aujourd'hui les destinées de la race latine sont dégradés, et, ce qui est pire encore, ils ont dégradé leurs peuples. Quelle terrible responsabilité devant le tribunal du Juge suprême, qui a dit : *Sanguinem ejus de manu tua requiram !*

» L'Italie, arrosée du sang de tant de généreux martyrs, est l'esclave d'une démagogie diabolique, qui est arrivée à se constituer la conseillère du pouvoir.

» La France de saint Louis, la fille aînée de l'Eglise, est devenue la France de Voltaire.

» Et notre pauvre Espagne, qui a été conquise pied à pied par la croix, est devenue un peuples d'ilotes, qui court au Principe et lutte pour briser avec ses traditions, son histoire et sa propre manière d'être.

» Les semences de 93 ont maintenant germé ; Napoléon Ier les dissémina dans tous les recoins de l'Europe ; il est naturel qu'elles portent leur fruit. La négation du principe d'autorité en politique a dû produire nécessairement la négation du même principe en religion ».

Sainte Hildegarde. — Cette gloire de l'ordre de Saint-Benoit, au XIIe siècle, caractérise ainsi notre âge : « Lorsque la crainte de Dieu sera tout à fait mise de côté, des guerres atroces et cruelles surgiront à l'envi ; une foule de personnes y seront immolées, et bien des cités se changeront en un monceau de ruines. Quelques hommes, d'une férocité non pareille, suscités par la justice divine, se joueront du repos de leurs semblables ».

« L'Allemagne, assure M. Stiéfel, deviendra le théâtre des plus effroyables événements ; une guerre acharnée ravagera ce pays d'un bout à l'autre ».

Sainte Hildegarde a écrit la révélation suivante en 1163 ; lisez, vous y reconnaîtrez l'Autriche et l'Allemagne contemporaines : « En ce jour là, les empereurs revêtus de la dignité romaine, déchéant de la puissance avec laquelle ils ont vigoureusement tenu l'empire romain, deviendront poltrons dans leur gloire ; en sorte que peu à peu l'empire décroîtra et faiblira dans leurs mains, par un juste jugement de Dieu ; parce que souillés et froids, serviles et avilis dans leurs mœurs, ils seront inutiles en tout, et voudront cependant être honorés du peuple. Mais ils ne pourront être sincèrement honorés et vénérés.

» C'est pourquoi encore les rois et les princes de plusieurs peuples qui étaient auparavant soumis à l'empire romain, s'en sépareront et ne tolèreront plus de lui être assujettis. Et ainsi l'empire romain sera déchiré dans sa décadence.

» Lorsque le sceptre impérial sera ainsi brisé, sans qu'il puisse être réparé, alors la tiare du pouvoir temporel sera aussi divisée, parce que les princes et les peuples, tant de l'ordre spirituel que de l'ordre séculier, n'ayant plus aucune dévotion à l'autorité apostolique, abaisseront la dignité de ce titre ».

Le fait suivant, observé en plusieurs lieux, dans le voisinage de Stuttgard, en 1872, est un véritable signe des luttes armées qui épouvanteront l'Allemagne : Les témoins « virent distinctement une grande route allant du Nord au Sud. Sur cette route chevauchait, la couronne en tête, un grand et superbe cavalier, montant un coursier magnifique. Après lui venaient des officiers, puis de l'infanterie, les capitaines à cheval devant leurs compagnies, puis de la cavalerie, de l'artillerie, des charriots, etc. C'était, au dire de l'un des spectateurs, soldat revenu du service, comme une armée marchant à la bataille. Lorsque le roi eut passé devant un rocher, il parut alors comme un officier ordinaire, mais sa tête était mutilée ».

Ce spectacle était des plus imposants, car voici ce qu'ajoute un autre texte : « Jamais nous n'avons rien vu de plus beau. La magnifique rougeur du soir, les nuages brillants, ornés de fastueux chemins de fer, des soldats, des troupes de toute espèce et de toutes armes, tout cela nous jeta dans un profond étonnement. Ce magnifique spectacle put être observé pendant une demi-heure environ ».

Plusieurs vaticinations annoncent que l'Italie sera le théâtre de très-grandes luttes armées. Il est difficile de savoir pour qui et pour quoi combattront certains peuples, sachant l'alliance qui existe entre le gouvernement de la Péninsule, la Prusse et la Russie. Nous estimons que ces armées étrangères s'avanceront contre l'Eglise et le Grand Monarque, et que ce dernier les vaincra et les refoulera.

Il est parlé dans plusieurs prophéties de tentatives d'assassinat contre Pie IX, mais Dieu a protégé son Pontife. Certains passages pourraient aussi faire croire à l'exil de Léon XIII. Nous mentionnons ces particularités sans nous prononcer. Les détails prophétiques échappent à l'analyse. De même que le Seigneur rend les prédictions conditionnelles, il en diffère l'accomplissement, ce qui doit nous expliquer certaines dates comme pouvant ne pas être absolues ; telle est celle qu'a donnée A.-M. Taïgi, sur le règne de Pie IX, que la voyante disait devoir durer vingt-sept ans et quelques mois. A ce propos, nous citons les lignes suivantes du *Cri du Salut :*

« Si ma colère, dit Notre-Seigneur, n'a pas éclaté au jour
où elle le devait, c'est que les prières des âmes justes, les
prières faites par suite de l'annonce des prochaines calamités,
ont obtenu un sursis. Elles n'ont pas été assez générales pour
obtenir une pleine miséricorde. Les pécheurs ne sont pas
revenus à moi comme l'exigeait ma justice pour laisser ma
miséricorde éclater sans châtiment. Mais les prières qui ont
été faites ont permis à ma justice d'accorder une trêve, de ré-
primer ma colère, de la refouler pour un temps, afin que la
miséricorde règne encore en maîtresse pendant un temps,
et que ceux qui voudraient venir à moi, le pussent
encore ».

Prophétie de Prémol — « Et toi, *superbe Tyr*, qui échap-
pes encore à l'orage, ne te réjouis pas dans ton orgueil !
L'éruption du volcan qui brûle tes entrailles approche, et tu
tomberas bien plus avant que nous dans le gouffre. »

Le P. Necktou. — « L'Angleterre éprouvera, à son tour,
une révolution plus affreuse que la première révolution française ; et cette révolution durera assez longtemps pour donner
à la France le temps de se rasseoir ; et ce sera la France qui
aidera l'Angleterre à rentrer dans la paix. »

Marie Lataste. — « L'affliction viendra sur la terre ; l'oppression règnera dans la cité que j'aime et où j'ai laissé mon
cœur ; elle sera dans la tristesse et la désolation, environnée
d'ennemis de toutes parts, comme un oiseau pris dans les
filets. »

Prophétie de Plaisance. — « Les guerres, la famine, la
peste, les fraudes renverseront les royaumes d'Italie, et les
anciennes dynasties seront chassées de partout. »

Prophétie Emilienne. — « En ce temps-là, malheur à
l'Italie ! Trois armées fondront sur elle : l'une venant de
l'Orient, l'autre du Nord, l'autre de l'Occident. Il y aura une

telle effusion de sang que l'Italie n'en aura jamais vu de pareille depuis le commencement du monde...»

Jean de Vatiguerro. — « Depuis le commencement du monde on n'a point entendu parler d'une crise semblable.

» Alors tous les maux tomberont sur la patrie : guerre, peste et famine.»

Holzhauzer. — « C'est une époque d'extermination pendant laquelle Jésus-Christ épurera son froment. »

Correspondance Cavayon. — « Les hommes verront que ce n'est pas en vain qu'on insulte Dieu ; les châtiments seront aussi visibles que ceux qui frappèrent Pharaon et son peuple »

Marie Lataste. — « Mon Père, si ma voix n'est pas écoutée, exterminez tous ceux qui ont l'âme esclave de Satan, et créez-moi un peuple nouveau.»

Savonarole. — « Le glaive du Seigneur passera sur la terre bientôt et rapidement.»

Religieuse de Belley. — « L'expiation sera aussi grande que le crime.»

Mais pour mieux montrer quelles foudres appelle l'apostasie de nos temps et l'idole monstrueuse qui reçoit leurs adorations, citons le dernier mot de la révolution et des sociétés occultes, le *Psaume de Satan,* répandu à profusion en Italie, il y a quelques années :

« Lucifer, c'est le génie de la révolution, l'incarnation de l'esprit de la révolte.

» Dieu, c'est le génie de la réaction, de l'obscurantisme ; c'est l'oppression, c'est la tyrannie.

» Je te salue, père des fautes et des destructions ! En ruinant la création mal faite, tu l'as obligée de s'améliorer par elle-même. Père de l'orgueil, je te salue !

» Ton orgueil, que Dieu abhorre, fut les arrhes de notre salut et de notre rédemption.

» Satan, tu as affranchi l'âme de l'homme. Les ennemis de Dieu, les ennemis de l'Eglise, des rois, des riches, de tous les oppresseurs, sont tes enfants.

» Ce qui est faute, ce qui est crime, c'est le beau, c'est la vérité ; la faute seule est belle ; ce que les esclaves de Dieu appellent crime est la seule vérité.

» Je vois dans Dieu l'incarnation du passé, dans Lucifer l'incarnation de l'avenir. Salut à toi, Lucifer !

» Salut, père des révoltés contre toutes les autorités ! Salut, père de l'anarchie, roi de l'enfer, où tu braves Dieu et son ciel !

» Sous ta bannière nous entraînerons les peuples de l'Italie et ceux de toute la terre à l'affranchissement, au bonheur commun, à la fraternité sociale, à la jouissance.

» Nous voulons jouir, nous ne voulons plus souffrir. »

Telle est la déclaration de guerre. Nous assisterons à la bataille. Nous savons d'avance à qui restera la victoire. Heureux ceux qui seront couverts du bouclier divin !

VIII

RÉVÉLATION ÉCLATANTE SUR LES TEMPS PRÉSENTS, RECUEILLIE PAR LE P. DE RAVIGNAN.

(Extrait des *Mémoires inédits* de feu l'abbé Donat).

Toulouse, le 28 juin 1847.

Depuis l'assassinat de Cécile Combette, le noviciat des frères a reçu la visite d'un inspecteur général. Le frère honoré de ce titre et de cette mission n'a pu s'arrêter que vingt-quatre heures à Toulouse. J'ai eu avec lui un long entretien (1). Il

_____

(1) Le narrateur était aumônier du noviciat.

m'a raconté des choses très-curieuses. Je commence par une prophétie qui fut dite, il n'y a pas longtemps, au R. P. de Ravignan. Je vais ici laisser parler le frère visiteur lui-même. Ecoutez-le:

« Il y a environ dix jours que je me trouvais à Lyon. C'est là que j'ai entendu raconter le détail d'une prophétie dite au P. de Ravignan. J'en suis encore tout pénétré, et je dirai même tout ému. Comme je tiens à faire constater la vérité du récit par celui-là même qui l'a entendu directement de la bouche de la prophétesse, ne pouvant aller trouver moi-même le Père de Ravignan, à cause de mes nombreuses occupations et du peu de temps que j'ai à séjourner ici, faites-moi le plaisir d'écouter attentivement la révélation telle qu'on me l'a donnée, afin que vous puissiez la transmettre dans les mêmes termes au Père de Ravignan. J'attendrai jusqu'à demain matin la réponse qu'il daignera vous faire, avec les corrections qui lui auront paru nécessaires. Voici ce qu'on m'a raconté :

« Le Père de Ravignan, à une certaine époque (celle où il quitta la chaire de Notre-Dame), étant de résidence à Lyon, allait assez souvent et de préférence dans une maison religieuse ou plutôt dans un couvent de femmes. Là, il avait rencontré une de ces âmes privilégiées à qui Dieu accorde des faveurs particulières. Celle-ci avait le don surnaturel de prédire l'avenir. Le Père de Ravignan, ravi de trouver en elle cette simplicité qui est le cachet des âmes pures, l'amenait presque toujours au chapitre de ses visions et de ses intuitions surnaturelles. Le petit sourire avec lequel le jésuite accueillait parfois, surtout au commencement, la série des révélations que faisait *la voyante*, fut pris un jour pour un sourire d'incrédulité.

» — Mon Père, lui dit alors la religieuse, peut-être ce que je vous dis ne vous inspire-t-il pas une grande confiance, et

l'attribuez-vous à une imagination exaltée? Si, dans votre sagesse, vous jugez qu'il vaut mieux pour moi que je garde le
silence, je dois vous avouer sincèrement qu'il ne m'en coûtera
point de me conformer à votre décision.

» — Voilà, dit le Père de Ravignan, un sujet très-ardu. On
ne peut, en effet, l'aborder qu'avec de grandes précautions. Du
reste, les prophéties se prouvent l'une par l'autre. Donnez-
moi, si vous pouvez, l'annonce d'un événement que l'esprit
humain ne puisse prévoir dans ses causes, et dont la réalisation prochaine soit une garantie des événements lointains que
l'on prédit.

» — Soit, répondit *la voyante*. Si cette preuve vous suffit, je
puis vous la fournir à l'instant : Vous avez pris un engage-
ment de plusieurs années pour donner, à Paris, les Conférences de Notre-Dame. Je vous déclare qu'il vous sera impossible
d'aller jusqu'au bout. Une maladie qui surviendra, non-seulement vous obligera d'interrompre vos conférences , mais
même elle vous mettra dans la nécessité d'y renoncer à tout
jamais (1).

» — Me voilà nanti, dit le père jésuite; allez plus loin, et
déroulez-moi cet avenir que vous croyez voir sans nuages.

» — Mon père, sur le point de vous dérouler l'horizon de
l'avenir, je me sens attristée, troublée, abattue. Comment
une faible créature comme moi pourrait-elle contempler le na-
vrant et lamentable tableau qui s'offre à mes regards ?

» Le père de Ravignan l'interrompit aussitôt :

» — Ce que vous voyez et ce que vous allez me montrer, à
qui faudra-t-il l'appliquer ?

(1) Ce qui a trait à la maladie et aux conférences du Père de Ravignan s'est réalisé à la lettre. Ce qui reste à s'accomplir de ce document concorde avec les autres prophéties sur un avenir prochain.

» — A la France, répondit-elle. Oui, à la France, notre patrie, qui va être précipitée du faîte de sa grandeur et foulée aux pieds. Oh! que les temps que j'entrevois seront malheureux pour elle! La société, semblable à un vaisseau, sera battue par les flots courroucés des mauvaises doctrines; les fougueuses passions, les farouches instincts se déchaîneront contre elle, et elle paraîtra, aux yeux de plusieurs, sur le point de faire un naufrage inévitable. On ne pourra plus rien attendre des hommes. Dieu seul pourrait la sauver; mais comment espérer de lui ce miracle de bonté et de miséricorde, puisque la justice arme sa main contre nous? Malheur aux riches! c'est un vaste complot contre la propriété qui voudra nous envelopper comme un réseau. De grands crimes seront commis et d'affreux malheurs répandront la désolation parmi les peuples de la terre.

» — L'Eglise, dit le père de Ravignan, ne se ressentira-t-elle pas de cette secousse? Ne sera-t-elle pas en butte aux coups des méchants?

» — Ah! reprit en soupirant la prophétesse, elle ne sera pas épargnée! Ses maux seront assez grands: le torrent du mal voudra fondre sur elle; cependant la première irruption sera contre la fortune et la richesse. De là il viendra se heurter contre l'Eglise; mais Dieu l'arrêtera et ne permettra pas que son Eglise soit submergée: elle sera comme le granit contre lequel les flots de l'iniquité viendront se briser. Ces temps seront désastreux mais courts, car Dieu, à cause de ses élus, les abrégera. Tout au plus dureront-ils six mois. Ils seront suivis d'un règne glorieux où tout sera remis à sa place. Les esprits reviendront au Seigneur et à la religion qu'ils avaient abandonnés. Ce sera vraiment le règne de Dieu. Jamais la terre n'aura offert un si beau spectacle. Ces jours de bonheur, qui transporteront parmi les hommes en quelque sorte la félicité et le bonheur des cieux, nous ne les verrons pas, mon père, ni vous, ni moi. Vous ne serez pas même témoin des calamités qui doivent précéder cet âge d'or, car elles n'auront lieu qu'après notre mort. »

Lorsqu'il eut fini de parler, le frère visiteur me réitéra la prière qu'il m'avait faite, d'aller soumettre ces détails au père de Ravignan et de ne pas oublier d'en rapporter la réponse si ardemment désirée, si impatiemment attendue. Je me hâte donc d'arriver à la résidence des RR. PP. Jésuites, et en y entrant je me dirige vers la chambre du célèbre conférencier. Je frappe à la porte une fois, deux fois, trois fois. Pas de réponse. Certain alors qu'il était momentanément absent, je me promène dans le corridor, en attendant son arrivée. Tout à coup vint à passer le père Ogerdias, qui était alors le père Recteur de la résidence.

Dès qu'il m'aperçut : — Qui attendez-vous ? me dit-il. — On vient de me donner une commission pour le père de Ravignan : il faut que je lui parle en personne. — Si cela est, reprit-il, il faut partir pour Paris. Ce n'est que là que vous pourrez lui parler.

A l'instant je prends mon parti, et je rends compte au père Recteur de la commission, comme je l'aurais faite au père de Ravignan lui-même. Il me prêta toute son attention, et lorsque son tour vint de parler :

« — Dites de ma part au frère visiteur que, moi personnellement, j'ai entendu plus d'une fois le père de Ravignan raconter ce que vous venez de me dire. Le fondement est exact et les variantes sont peu importantes. Il peut y croire ; le père de Ravignan ne dirait pas autrement. Toutefois si le frère visiteur, pour plus de certitude, veut la réponse directe du père, tenez, donnez-lui son adresse à Paris : qu'il lui écrive, et bientôt il saura à quoi s'en tenir. »

5

Le lendemain matin, je rapportai au frère la réponse textuelle du père Ogerdias. Le frère, après m'avoir remercié, m'attesta qu'il acceptait l'affirmation du père Recteur, et qu'elle avait à ses yeux le même crédit qu'aurait pu avoir la parole même du père de Ravignan, et que par conséquent il n'écrirait pas à Paris.

Mémoires inédits de l'abbé Donat. — Ces mémoires nous ont été légués par leur auteur avec d'autres précieux manuscrits.   A. P.

(Propriété.)

IX.

PROPHÉTIES MÉMORABLES DE L'EXTATIQUE DE BLAIN, PRÈS NANTES.

Marie-Julie Jahnie, comme l'extatique de Bois-d'Haine, ne prend aucune nourriture. Elle souffre, chaque vendredi, les douleurs de la Passion de Jésus-Christ, et ses extases sont recueillies religieusement. Feu Mgr Fournier, évêque de Nantes, avait porté à Rome un volumineux dossier, relatif aux faits surnaturels de l'extatique, à qui il appliquait l'appellation de sainte. Sur les invocations de Marie-Julie, il y a eu des grâces divines accordées, et cent particularités surnaturelles parlent en faveur des prodiges que le Seigneur fait éclater à Blain. Le lecteur trouvera dans les pages qui vont suivre un récit fidèle dans leur ensemble de ces pieuses sublimités. L'avenir est ici retracé en caractères éblouissants. Nous citons textuellement les témoignages de M. C., qui expose avec une exactitude scrupuleuse les manifestations que nous signalons et dont nous donnons la primeur au public religieux. Cette relation est ainsi une propriété.

A. M. G....., à Brest. — 9 juillet 1875.

Je veux profiter de cette occasion pour vous parler de Marie-Julie. Depuis trois mois je l'ai vue plusieurs fois, et chaque fois j'ai été de plus en plus frappé.

Vous vous rappelez une dernière lettre. Toutes les merveilles qu'elle annonçait devaient se réaliser bientôt. Au mois d'avril ce n'était plus que l'affaire de quelques heures (1) ; il fallait encore quelques prières et quelques conversions.

Au mois de mai, ce délai n'était *plus que d'une heure.*

Au mois de juin, elle parlait comme si la chose était faite ou se passait.

Vous n'avez pas oublié certaine branche de laurier desséchée à l'origine et qui devait reverdir peu à peu, pour refleurir au moment de la crise. Cette branche n'a cessé d'apparaître depuis deux ans, tantôt à demi-fleurie, tantôt desséchée de nouveau. Le 15 juin dernier, j'ai su que maintenant *elle était toute entière fleurie*, et que Marie-Julie n'aurait plus d'autres signes lui annonçant la crise suprême.

Du reste, je ne puis mieux faire que vous copier textuellement mes notes, prises, chaque jour, pendant mon dernier séjour à Blain.

19 Avril 1875. — Je voudrais pouvoir transcrire mot à mot une vision récente que M. l'abbé David (confesseur de Marie-Julie) m'a communiquée. — En voici le résumé :

Marie-Julie était transportée dans un désert aride et désolé, au milieu de ténèbres confuses. Devant elle était un tombeau, celui de la France. Il s'en exhalait des odeurs méphitiques qui ne permettaient pas de l'approcher. Tout à coup une

(1) Dans les prophéties une heure signifie généralement une année. Note de A. P.

lumière brille et Jésus-Christ descend, ouvre le sépulcre, se penche sur le cadavre et le prend dans ses bras doucement et tendrement (comme saint Joseph prenait l'Enfant Jésus). La France se réveille et le Sauveur lui parle avec amour dans un langage tout embaumé des divines ardeurs du cantique des cantiques. Il lui promet de prochaines bénédictions, de prochaines gloires, des triomphes qui dépasseront toutes les victoires passées, parce qu'elle pleure ses fautes, qu'elle se repend ; parce qu'elle se jette avec amour dans le Sacré-Cœur. Puis Jésus-Christ la recouche et disparaît.

4 Mai 1875. — Encore le tombeau de la France ; mais elle en est sortie. Elle se tient immobile devant Jésus-Christ qui lui sourit tendrement. Elle est enveloppée d'un long suaire noir : ce sont ses crimes. Jésus-Christ l'en dépouille à demi, jusqu'à la hauteur de la poitrine, et il lui couvre la tête d'un voile éclatant de blancheur. Puis il arrache de son cœur un *lys fleuri et le plante dans le cœur de la ressuscitée.*

19 Mai 1875. — Vendredi dernier Marie-Julie a vu la France, fille de Jésus-Christ. Elle était presque montée au dernier des degrès du trône sur lequel il était assis. Son suaire noir était entièrement tombé, le Sauveur le foulait sous ses pieds, et la France aussitôt se paraît d'un manteau blanc, couvert de fleurs de lys d'or, qui l'enveloppait des pieds à la tête.

24 Mai. — M. David m'a lu l'extase de vendredi dernier. Je la résume :

Jésus-Christ était assis sur un trône resplendissant ; il avait auprès de lui sa Mère. La France se présente toute vêtue de blanc et de fleurs de lys ; elle est déjà couronnée ; mais pas encore de la grande couronne qui ne lui sera donnée qu'à l'heure de son salut. De son cœur sortait le lys que Jésus-Christ y avait déposé ; il était chargé de fleurs, et parmi ces fleurs, il en était une qui brillait plus grande et plus éblouissante.

La France gravit les marches du trône. La Vierge priait, souriait et pleurait. Son divin Fils s'écrie alors qu'il est vaincu, qu'il ne peut plus résister, qu'il oublie, qu'il pardonne. « A vous, désormais, ma Mère, à vous seule ma toute puissance ; à vous seule de commander et de fixer l'heure de la victoire de votre fille bien-aimée ». Et prenant dans son cœur une goutte de sang et une larme aux yeux de la Sainte Vierge, il dépose ce mystérieux mélange dans la grande fleur du cœur de la France.

A la droite du trône était agenouillé Pie IX. Jésus-Christ l'appelle, en le nommant son cher fils, il le fait monter à ses côtés ; puis : « Tu as assez souffert ; il est temps que tu sois consolé et que tes ennemis disparaissent, afin que ta gloire règne en souveraine dans l'univers ». Le Pape en pleurs et pressé sur le cœur de son Maître, s'écrie qu'il ne mérite pas une telle récompense ; qu'il est indigne de telles splendeurs. — « Que dois-je faire, ô mon Sauveur, s'écrie-t-il, pour gagner cette couronne que vous me promettez ? »

— « Rien, rien, lui répond Jésus-Christ, tu en as fait assez ; vis encore ; je t'ai promis de longues années et une longue et énergique santé, pour que tu fasses aimer mon Sacré-Cœur par tous les hommes ».

A gauche du trône était le Roi. Il monte à son tour, mais un peu moins haut que le Pape et reçoit, lui aussi, les divines promesses. Il est le fils bien-aimé de la Vierge et il règnera avec son drapeau, symbole de pureté et de gloire.

Cependant tous les grands saints qui protègent la France planaient à l'entour. Au premier rang, revêtu de ses armes, saint Michel semblait attendre fièrement l'heure de la lutte contre le mal.

15 Juin 1875. — Le laurier est fleuri ; Marie-Julie n'aura plus d'autre signe.

— Connaissez-vous quelque chose de plus imposant que les tableaux allégoriques qui précèdent? Cela est grand comme les Livres saints. Les divers degrés qui marquent la résurrection de la France et la majesté dont le Seigneur la couvre, sont supérieurement accusés : ces paroles touchent, elles émeuvent; elle confirment les promesses qui nous font tressaillir de joie, au milieu des tristesses qui nous désolent — À. P.

M. C. place ici une note, en souvenir d'une précédente vision . « J'ai remarqué, dit-il, une parole de Jésus-Christ : il ne parle plus au futur, mais au présent ; il ne dit plus : Je frapperai, il dit : Je frappe.

« Que pensez-vous des inondations ! ajoute M. C. ».

Il continue de citer ses notes :

15 Juin 1875. — Hier, vers quatre heures du soir, Marie-Julie, après une longue extase, a raconté à M. David, toute la cérémonie qui avait eu lieu, le matin, à Montmartre, notant expressément la présence du duc de Nemours parmi les laïques. « Désormais, a-t-elle ajouté, il ne faut plus chanter : Sauvez la France, mais la France est sauvée ».

18 Juin 1875. — Marie-Julie a parlé plus longtemps que de coutume et plus clairement que jamais. Elle a levé hardiment tous les voiles de l'avenir et, chose remarquable, tous les récits semblaient se rapporter à des évènements présents et non plus à des faits à venir, comme autrefois. C'était l'histoire du moment qu'elle semblait raconter.

Toutes les révélations qu'elle avait dictées en secret à M. David, parce qu'alors il était défendu d'en parler publiquement, revenaient dans sa bouche sans réticence. Evidemment le temps avait marché et les événements avaient marché avec lui, quoique nos yeux à nous ne le voient pas encore.

Ainsi nous contemplions la France renfermée dans son tombeau étroit et douloureux ; elle luttait pour le briser et pour en sortir, afin de revenir au jour ; mais elle retombait sans cesse, déchirée par les clous du cercueil qui ensanglantaient ses membres et son front.

Puis, Jésus-Christ descendait, ouvrait la tombe, prenait la morte bien-aimée dans ses bras, la ranimait, la consolait, la fortifiait en lui prodiguant toutes les espérances et en acceptant ses pleurs et ses sanglots d'expiation.

Debout bientôt et penchée sur la poitrine de son Rédempteur, la France laissait choir le suaire ténébreux qui l'enveloppait et elle se vêtait d'un manteau blanc semé de fleurs de lys d'or ; sa tête se parait d'une première couronne petite encore ; son cœur recevait le lys fleuri qui avait germé dans le Sacré-Cœur et, resplendissante enfin de gloire et d'allégresse, elle s'approchait du trône de Jésus-Christ qui lui souriait et l'accueillait avec transport.

Puis, c'était le Pape qui, lui aussi séchait ses larmes et oubliait ses douleurs pour s'abandonner à toutes les joies du triomphe de Dieu.

C'était encore le Roi, amené par la Sainte Vierge qui l'aime comme son fils, à cause de son innocence. Il apparaissait en souverain, couronné de grandeur et ombragé par les plis de son drapeau.

Bientôt le tableau changeait et se complétait. La France, suivant son chef légitime, marchait reposée sur le cœur de la Vierge, et sa petite couronne se transformait en diadème de victoire (La grande couronne verte et blanche, parce qu'il n'y aura plus que ces deux couleurs). Le Sacré-Cœur s'unissait à Marie, pour l'assurer de son amour, et lui annoncer une fois de plus qu'elle vaincrait ses ennemis dans un triomphe sans égal, qui sera le dernier.

(Pourquoi ces mots : qui sera le dernier ? Je suis sur de les avoir entendus).

Et toujours ce triomphe était dépeint comme un fait présent, acquis.

« La France est sauvée », répétait sans cesse Marie-Julie.

Les bons, les amis du Sacré-Cœur, étaient groupés en masses profondes derrière la France, précédés de tous les saints qui protégent la fille aînée de l'Eglise.

En face se dressait l'armée furieuse des impies, mais ses colères étaient impuissantes et, tout à coup, cette armée était miraculeusement annéantie.

Pour la première fois, Marie-Julie a fait une allusion à la Prusse. Elle voyait un trône élevé pour être le centre et l'appui de l'impiété. Soudain il s'évanouit « comme une fumée ». Mais aussitôt, tous les méchants transportés de rage, trouvaient encore le moyen de se réunir et de se jeter sur la France. Ils arrivaient *jusqu'à la frontière du Fleuve* qu'ils ne franchissaient pas, parce que la Sainte Vierge avait planté sur la rive un lys foudroyant.

— Il y a dans cette continuité d'affirmations, une majesté qui étonne, qui subjugue. Celui qui entendrait cet exposé sans émotion, ne saurait être qu'un sceptique, or tout sceptique invétéré est un méchant. Ces pages si élevées, si bibliques, si on nous permet l'expression, sont en pleine concordance avec l'ensemble de nos prophéties. Il y a même ici plus de clarté que presque partout ailleurs. — A. P.

A M. S.— *Lettre du 14 septembre 1875.* (Extrait).

Je me trouve, à propos de Marie-Julie, lancé dans une série d'incidents plus ou moins merveilleux. Poussé par ce que je lui en avais raconté, un religieux capucin est allé la voir. A son arrivée, il a trouvé écrit depuis quinze jours, sous la dictée de Marie-Julie, le 23 juillet, le récit complet d'un exorcisme qu'il n'a réalisé que le 3 août (il est arrivé à Blain le 5). Seulement Marie-Julie annonçait que l'ex-possédée devait , pour achever sa guérison, écrire avec son sang une rétractation des deux donations qu'elle avait antérieurement faites d'elle-même au diable. Dix jours après je lisais cette rétractation sanglante arrivée le matin même par la poste. Marie-Julie a prédit en outre au capucin que désormais il jouirait d'un pouvoir surnaturel ; qu'il n'aurait qu'à faire embrasser son Crucifix (1) au pécheur le plus endurci pour le convertir aussitôt, et mon capucin en est à la sixième conversion. — Ce n'est que le commencement des grâces attachées à ce Crucifix ; mais nous ignorons encore en quoi ces grâces nouvelles consistent.

Depuis, il y avait ici un prêtre malade qui ne pouvait plus dire ni messe ni bréviaire. Au mois de mai, il m'a chargé de dire à Marie-Julie de prier pour qu'il put célébrer le saint sacrifice : le 8 ou le 9 juin elle répondait que ce prêtre pourrait désormais dire la messe. Il la dit régulièrement depuis le 16 juin. Au mois de juillet il a demandé de pouvoir dire son office : Marie-Julie lui a répondu qu'il le pourrait ; et depuis le 15 août il le dit sans fatigue.

Je sais encore cent autres merveilles ; aussi le capucin « croit à Marie-Julie comme à l'Evangile ». Ce sont ses propres expressions.

A M. E. de P. — Blain, le 18 mai 1876,

Je vais demain à la Fraudais, (c'est le nom du lieu ha-

_____

(1) Ce crucifix a été bénit par la Sainte Vierge pendant une extase de Marie-Julie. — A. P.

bité, prés Blain, par la famille de Marie-Julie), et je veux vous
envoyer le récit de mon voyage.

J'y étais lundi dernier 15. M. David m'y avait emmené
pour être témoin d'un miracle, une communion surnaturelle.
Nous sommes arrivés vers huit heures et demie. Marie-Julie
était couchée dans son lit, les yeux fermés, dans une pose
pleine d'une sérénité inouïe. C'était un calme sans nom, un
repos ineffable. On sentait qu'elle vivait néanmoins, qu'elle ne
dormait pas, et cependant elle ne faisait pas un mouvement.

Puis est venu un ravissement pendant lequel elle a prié et
chanté. J'ai ses prières, mais je ne puis vous les copier, quelque belles qu'elles soient ; ma lettre serait interminable.

Après s'être tue, elle a récité à voix basse le *Confiteor*,
frappé à deux fois sa poitrine et ouvert trois fois la bouche en
portant sa langue sur sa lèvre. Il n'y avait rien encore sur sa
langue.

Mais à une quatrième fois, nous y avons tous vu une
hostie posée, d'une blancheur parfaite, petite, mince et
déjà humide de salive. Elle a ouvert la bouche deux fois encore : l'hostie était toujours là, mais de plus en plus humide, de
plus en plus mince, et à la fin réduite en petits fragments.
Puis sont venues de nouvelles prières et de nouveaux chants.
Je les ai aussi ; mais ce que je n'ai pas, et ce que l'on ne peut
avoir, c'est l'accent, c'est la voix, c'est l'allégresse de la
sainte.

Par moments, la joie divine qui l'oppressait, la rendait ha-
letante, et alors il ne sortait plus de sa bouche que des mots
entrecoupés : Bonheur! joie! charme! les anges! mon époux!
amour! — Figurez-vous ces choses et jugez de mon émotion.

Oui, j'ai vu tout cela, et je l'ai signé. C'est un grand privilége que la Providence m'accorde, et auquel, hélas! je sens
que je réponds bien mal. Mais je ne suis pas un ange et je

ne puis le devenir. Quelle n'est pas notre pauvre misère humaine! Nous n'avons qu'un espoir, la pitié de Dieu.

Ou les jours mauvais sont très-près, ou je ne comprends plus rien. Voyez de toutes parts les guerres, les séditions qui commencent; et chez nous quel tableau !

Aujourd'hui Paris est en liesse pour les funérailles du *glorieux* Michelet. Quelle honte et quel crime! Comment s'étonner que Paris bientôt ne doive plus être que ruines? Il l'aura bien voulu.

J'arrive donc à la Fraudais (19). Tout s'y est passé comme de coutume. Il est donc inutile que je vous parle du chemin de la Croix que vous avez vu. Malheureusement Marie-Julie n'a pas parlé politique. Il y avait des étrangers, et j'ai remarqué que toujours, quand il y a ainsi des inconnus, elle est très-réservée. Elle a pourtant annoncé la prochaine victoire du Pape, et dit qu'elle voyait la France *partagée en trois parties.*

Depuis quelque temps, du reste, elle parle peu des événements ; est-ce parce qu'ils sont proches? Je sais toutefois qu'elle les voit dans un avenir de moins en moins éloigné. L'année dernière, elle parlait beaucoup de morts subites chez les personnages importants du jour. La mort de M. Ricard est-elle un premier indice (1) ?

Quoi qu'il en soit, rien n'est changé dans nos espérances. Il faut qu'elles se réalisent, car elles seules sont logiques, et la logique est toujours la vérité.

A M. A.— Lettre du 1er *janvier* 1878.

Vous avez raison de voir l'avenir en noir; je crois que nous touchons à la tempête. Marie-Julie parle en termes qui

---

(1) Il y a eu d'autres morts subites, depuis, très-significatives.

Note d'A. P.

me *semblent clairs* du commencement du printemps (1). Heureusement la Bretagne sera protégée. Depuis quelques semaines, son nom revient sans cesse accompagné des plus belles promesses de bénédictions. Il y a huit jours, celui de la Vendée est venu à son tour ; elle aussi sera bénie spécialement.

On peut encore rester tranquille tant-que Mac-Mahon sera là, si petit qu'il se fasse, mais dès qu'il sera parti, c'est alors qu'il faudra « élever à la fois vers le ciel ses yeux et son cœur.» Défions-nous du duc d'Aumale, et surtout, quoi qu'il tente, ne nous mêlons pas à ceux qui lui prodigueront « leurs applaudissements. » Restons dans la simplicité de nos opinions.

Le Roi ne viendra qu'au milieu de la crise, puisqu'il la terminera. L'Alsace et la Lorraine reviendront à la France. Dans l'intervalle, Paris surtout aura été pour ainsi dire détruit. Plus tard, mais presque aussitôt, le Roi partira avec son armée pour l'Italie. Don Carlos sera avec lui, et tous les deux rendront au Pape sa puissance temporelle.

Voilà le résumé fidèle de ce que je sais. C'est ce que disent à peu près toutes les autres prophéties déjà connues.

Mais il y a une quantité de détails étranges, de prédictions particulières dont quelques-unes se sont déjà réalisées. Il y a eu une chose exceptionnelle au commencement du mois dernier. La Sainte-Vierge a fait voir à Marie-Julie deux hommes sans les lui nommer, et elle lui a commandé de tracer leur portrait. Le dessin en a été si net, si précis, que personne n'a hésité à les reconnaître (2).

(1) C'est évidemment le printemps de 1879.

Note d'A. P.

(2) Ce sont deux des chefs révolutionnaires français.

Note d'A. P.

Or, tous les deux ont un même but, la destruction de la religion : seulement M. X. agit par fourberie, par hypocrisie , il se démasque moins ; M. Y., au contraire, se lance avec audace. « Ah! s'écriait-il naguère, si je pouvais être à Rome, comme j'écraserais le vieillard...»

A. (c'est le parent de M. C.) continue toujours seul son rôle de confident. Je vous jure que je trouve le temps long, et que je voudrais bien être rappelé à la Fraudais. Puissé-je y revenir bientôt! C'est une merveilleuse et grande histoire qui se passe là ; elle est de nature à faire pâlir toutes les légendes connues. Les extases sont plus belles encore que de mon temps. Dieu merci, A. me les envoie toutes.

Voici les paroles de S. Jean l'Evangéliste, du 27 décembre dernier :

« Frères et sœurs de la terre, les fleurs ont presque disparu, les arbres ont perdu leur feuillage, toute la nature est dépouillée de ses beaux ornements. Eh bien, voici l'heure du Seigneur : il viendra avec sa justice et sa miséricorde au moment où la terre sera encore dépouillée ; mais les arbres commenceront à montrer leurs boutons, la terre commencera à reverdir, les jours seront longs et le soleil plus haut dans le ciel. Je parle au nom du Seigneur ; je viens vous annoncer l'avénement de sa justice. »

Extrait des notes de M. E. de P.

Pour éviter les illusions et les artifices du Démon, qui se présente parfois à Marie-Julie, sous les formes les plus hypocrites et les plus variées (une fois même il s'est présenté avec les stigmates), elle demande de temps en temps, pendant l'extase, de l'eau bénite, avec laquelle elle se signe, et, avant de parler, elle invoque les lumières de l'Esprit-Saint. S'il vient à elle un saint qu'elle ne connaît pas encore, elle l'oblige à un acte d'amour envers le Sacré-Cœur de Jésus. Si c'est le Démon, il prend aussitôt la fuite. Le Démon est maintenant facilement reconnu par elle : s'il apparaît avec une croix, elle est tortue ; s'il a une auréole, il y manque des rayons.

Le Démon a tracassé Marie-Julie de bien des manières : il l'a aussi battue en lui laissant des traces de ses coups. Il lui est même arrivé, étant à la sainte Table, de ne pouvoir desserrer les dents : mais M. David, sachant ce que cela voulait dire, approchait la sainte hostie de sa bouche, et, en présence du corps divin du Sauveur, Satan était obligé de lâcher prise, et Marie-Julie pouvait ainsi communier, malgré les efforts de l'enfer.

L'extatique a souvent des ravissements en dehors de ceux du vendredi, même à l'église ; mais alors elle ne parle pas et elle reste dans la position assise ou à genoux qu'elle avait auparavant. Marie-Julie est sourde, dans ces circonstances, pour tout le monde, excepté pour son confesseur et pour ses parents.

Marie-Julie a annoncé que l'Ouest sera épargné. Il ne sera pourtant pas entièrement exempt de châtiments : excepté Bordeaux, La Rochelle, Sainte Anne couvrira la Bretagne de son manteau. D'autres villes, Paris surtout, seront terriblement châtiées.

Les inondations du Midi (1875) ne sont que la fleur des châtiments prédits. Les habitants du Midi ayant blasphémé au lieu de reconnaître et d'adorer la main de Dieu qui les a frappés, des fléaux plus effroyables leur sont réservés : cette fois ce sera le feu.

Marie-Julie, depuis la Quasimodo 1874, est restée d'abord cent cinq jours sans prendre de nourriture ; puis la Sainte-Vierge lui a permis de prendre quelques cuillerées de lait. Elle en prend, en conséquence, une cuillerée le matin et une le soir, mais pas tous les jours. Elle n'aime pas le lait, qui lui provoque des répulsions du cœur.

Marie-Julie connaît, pendant ses extases, la composition de son auditoire, et est plus réservée suivant les personnes présentes. Ainsi, il y a quelque temps, deux personnes étaient venues de Paris et étaient entrées pendant l'extase. Marie-Julie montra plus de réserve et fit allusion à l'un d'eux en disant, avec toute la délicatesse qui lui est habituelle : « Il y a un sceptique parmi nous. »

Sans avoir jamais entendu parler auparavant des princes d'Orléans, elle a fait dernièrement, dans une de ses extases, un portrait peu flatteur de chacun d'eux, excepté du *prince* de Nemours, comme elle l'appelle.

Tous les vendredis, Marie-Julie voit le saint dont la fête tombe ce jour-là, et la vie de ce saint lui étant présente, elle en dévoile bien des traits saillants et même inédits. Il en est de même du chemin de la Croix, dont elle fait connaître bien des détails non parvenus jusqu'à nous par la tradition.

Guérison du petit Charbonnier. — Ce jeune garçon a été l'objet d'une grâce spéciale, par l'intermédiaire de la stigmatisée : il avait été gravement atteint du croup qui régnait à Fontenay à l'état épidémique. Le père écrivit à Blain une lettre désespérée, recommandant son enfant aux prières de Marie-Julie. Lui-même alla à l'église offrir ses prières à Dieu. Il avait beaucoup dit au Seigneur et le Seigneur ne lui avait rien dit. Il revenait tout triste, lorsqu'il aperçut Mme Charbonnier, qui marchait à sa rencontre, pour lui annoncer ce qui s'était passé pendant qu'il était à l'église. Elle avait un linge teint de quelques gouttes de sang du stigmate de la couronne d'épines de Marie-Julie, et eut l'heureuse idée de poser ce linge sur le front de son fils bien malade. L'enfant demanda aussitôt à manger. Cependant on n'osa satisfaire ce désir immédiatement ; mais le lendemain le médecin reconnut qu'on pouvait donner de la nourriture, et la guérison a persisté.

Feu Mgr Fournier, évêque de Nantes, était allé à la Fraudais, et avait reçu Marie-Julie tertiaire de Saint-François. Ce vénéré prélat avait recueilli toutes les communications fournies par le confesseur de la voyante, et avait porté ces volumineux documents à Rome, où malheureusement il est mort il y a quelques mois.

Les quatorze stigmates de Marie-Julie sont :

4. Les clous des pieds et des mains.

2. La marque des cordes de la flagellation aux poignets.

1. La couronne d'épines.

1. La plaie de l'épaule gauche (la plus profonde et la plus douloureuse).

1. Les coups de lance au côté ne forment ensuite qu'une seule et même plaie.

1. L'anneau d'alliance sanglante à l'un des doigts de la main droite.

4. Sur la poitrine, elle a des stigmates qui ne la font pas souffrir, mais qui saignent lors de ses ferventes communions. Ils représentent : le sceau de Jésus en lettres anciennes , J. H. S. ; — le sceau de Marie, M et A entrelacés.

Sur la poitrine sont encore imprimés ces mots : *Viens, ma victime ! — Triomphe de l'Eglise.*

Le 3 février dernier, Marie-Julie avait annoncé la mort prochaine de Pie IX.

Nous revenons aux lettres de M. C. Il narre, à la date du 8 novembre 1877, l'extase du 27 octobre, jour de la fête de la bienheureuse Marguerite-Marie Alacoque. Ce monument révélateur imposera assez par lui-même, et nous dispensera, de la sorte, d'en signaler l'importance. Par ce ravissement, le lecteur appréciera tous les autres.

« Le divin Maître montre la plaie de son cœur et dit :

« Mes enfants, c'est mon Sacré-Cœur qui a le privilége des grâces ; en lui est le triomphe. Mais avant de vous donner le triomphe, je veux vous éprouver : je vous enverrai bien des maux, vous verrez ma justice tomber sur la terre ; vous verrez aussi des signes précurseurs et éclatants paraître au firmament. Ne vous effrayez pas ; je vous ai promis le triomphe. — Ma victime, j'avais promis à la bienheureuse victime de mon Sacré-Cœur de donner le triomphe de la France et de la sainte Eglise par mon Sacré-Cœur, à la condition que tous les enfants de la France se seraient soumis ; s'ils étaient ingrats, les châtiments devaient être plus terribles. J'avais promis à la victime de mon Sacré-Cœur que peut-être j'aurais attendu deux cents ans ou peut-être plus. Si mon peuple avait été docile, j'aurais donné plus tôt le triomphe ; il n'a pas été docile, j'ai attendu ; mais peu après les deux cents ans, le triomphe aura lieu. Ma victime, retiens-bien cela.

— Oui, mon divin Jésus, je ne l'oublierai pas

Il continue :

« La victime de mon Sacré-Cœur n'a pas pu transmettre toutes mes révélations. Beaucoup n'ont pas été transcrites ; voilà pourquoi je veux aujourd'hui prévenir mon peuple, afin qu'il soit bien préparé quand l'heure de ma justice arrivera. — Victime de ma croix, il est impossible que je ne punisse pas le mal : je ne puis pas souffrir tant d'iniquités ! — Victime de ma croix, j'avais promis à la bienheureuse victime de mon Sacré-Cœur que le triomphe de la France viendrait après de grands châtiments ; cette révélation n'a pas été transcrite. Je rappelle aujourd'hui cette promesse à ton cœur.

— Merci, mon divin Jésus.

— J'ai annoncé à plusieurs saintes âmes qu'avant le triomphe de la France, il y aurait une grande révolte entre tous

mes enfants, les bons et les méchants. Que mes enfants fidèles
ne se laissent pas réduire par les armes des méchants. Je désire qu'ils leur résistent ; par la foi et par le courage ils réus-
siront. Ce sera le dernier effort des méchants ; c'est là que je
les arrêterai. Ils tenteront encore de jeter le trouble parmi
les amis de mon Eglise, de profaner tout ce qui est respectable
sur la terre ; ce sera en vain. Rappelle-toi bien cette promesse.

— Oui, mon bon Jésus, Cœur adorable, je me le rappellerai ;
puis le bon serviteur est là qui écrit (M. C.).

— Je suis très-satisfait. Je veux que mon peuple soit prévenu.

. . . .

— Voilà, mon Sacré-Cœur ; regarde, victime de ma croix. Je
vois écrite dans mon cœur la promesse que je t'ai faite : Je
sauverai la France par mon Sacré-Cœur ; je la ressusciterai
par l'amour de mon Sacré-Cœur.— « Eh ! je vois parfaitement,
des yeux de mon âme, ces mots écrits dans le Sacré-Cœur. »

Le divin Sauveur continue :

— Je porte dans mon cœur les noms des amis qui persévé-
reront dans le bien ; au milieu de la lutte je leur promets ma
protection, afin qu'ils supportent les épreuves avec courage.

. . . .

» L'enfer, en ce moment, cherche des victimes pour les enrô-
ler, afin de répandre l'iniquité sur toute la terre, et le Sacré-
Cœur, lui, cherche aussi des victimes, mais pour les abriter
sous sa bannière.

. . . .

» Voilà l'heure ou je vais souffrir ; mon cœur sera déchiré ;
voilà l'heure où des pleurs couleront de bien des yeux. Mes
enfants, encore une fois, je vous préviens : Satan va satisfaire
sa rage, qui est d'autant plus grande que les siens seront
vaincus. Je veux humilier mon peuple : il n'a pas écouté mes

paroles; mais ensuite je lui donnerai une victoire complète, c'est-à-dire la résurrection de la fille aînée de l'Eglise. Voilà le moment, mes enfants, où le lys blanc et la bannière blanche vont être foulés aux pieds; mais ce ne sera que pour un temps, que pour peu de temps. Leur triomphe viendra ensuite. Je veux récompenser l'attente et la confiance inébranlable de celui qui attend tout de moi et rien des hommes. Malgré les persécutions de toute sorte qui se sont élevées contre lui et qui s'élèveront contre lui; quoique l'on discute toutes ses pensées avec la plus grande hypocrisie; quoiqu'on l'abreuve de calomnies; sa belle bannière blanche sera plantée sur la France, et ses ennemis seront forcés de vivre sous sa dépendance.

Puis Jésus-Christ parle à la fois à Marguerite-Marie et à Marie-Julie :

« Victime de mon Sacré-Cœur, et toi, victime de ma Croix, vous n'êtes pas choisies toutes les deux pour la même œuvre. La bienheureuse Marguerite-Marie a été choisie pour publier la gloire de mon Sacré-Cœur, et toi, *tu es choisie pour publier la gloire de ma Croix.* »

— Nous ne faisons suivre cette extase d'aucun commentaire. Tout y parle si clairement que nos réflexions ne pourraient qu'affaiblir un texte aussi caractéristique et aussi précieux. A.P.

Je termine cette copie, écrit ensuite M. C., j'espère que vous en serez content. Vous comprenez clairement le rôle de Marie-Julie. Le salut de la France est attaché au culte du Sacré-Cœur et au culte de la Croix, qui se complètent l'un l'autre ; et de même que l'on élève des autels, un sanctuaire au Sacré-Cœur, ainsi on élèvera bientôt un sanctuaire immense, spécialement dédié à la Croix, et où des prodiges sans nombre feront accourir nuit et jour les pèlerins de la France, puis du monde entier.

Je vous l'annonce pour que vous teniez votre malle prête

aussitôt que l'heure des saints voyages aura sonné. Vous me retrouverez alors, je l'espère, d'autant plus que Marie-Julie me promet à moi et à toute ma famille *une demeure stable*, tout près de ce sanctuaire, à la construction duquel je dois concourir, demeure que nous ne quitterons plus de toute notre vie.

Cette dernière prédiction m'intrigue fort ; comment se réalisera-t-elle ? Mais je ne m'en tourmente pas ; j'attends avec une tranquillité d'autant plus grande que la prédiction est accompagnée d'une promesse de protection spéciale pendant toute la grande crise prochaine.

Je dis prochaine, car il ne paraît pas qu'elle doive désormais tarder beaucoup. Toutefois elle n'est pas immédiate, car Marie-Julie doit être morte auparavant, et elle ne doit mourir qu'après le retour de M. David près d'elle, après sa quatorzième et dernière communion surnaturelle, à laquelle, entre parenthèses, elle sait depuis un an, que j'assisterai....

Jésus-Christ recommande, par la bouche de Marie-Julie, la dévotion à la plaie de son épaule gauche. Tous ceux qui l'auront, cette dévotion, seront protégés par lui dans les grands châtiments réservés : achetez donc des images pour vous et les vôtres, et répandez en le plus possible (1).

Les extases de Marie-Julie le vendredi de chaque semaine.

La plupart des personnes qui lisent ce livre, ignorent probablement ce que renferment de mystérieux et de touchant les extases de Marie-Julie, celles surtout de chaque vendredi. Elles

(1) Saint Bernard à qui fut aussi révélé que la plaie de l'épaule gauche avait été la plus douloureuse pour Notre-Seigneur, recommande de son côté de l'honorer plus spécialement. — Note d'A. P.

aimeront donc d'en connaître une analyse. Nous l'empruntons à une relation fidèle de M. E. de P., qui avait obtenu de Mgr Fournier, l'autorisation d'assister aux manifestations surnaturelles de Blain, et qui de plus s'est entretenu avec M. l'abbé David. Notre ami a donc vu de ses yeux ce qu'il décrit.

— Une heure moins un quart. Marie-Julie est assise sur un fauteuil de paille, la tête appuyée sur son lit. Elle est oppressée. M. David dit que c'est du bonheur qu'elle éprouve de s'unir à son Sauveur.

On nous place sur des chaises et sur des bancs autour de la chambre, qui ne peut contenir que sept à huit personnes ; les autres, au nombre de sept, se mettent à la porte en dehors de l'appartement.

Marie-Julie demande la bénédiction des prêtres qui, sur l'invitation de M. David, se lèvent, pendant que toute l'assistance imite Marie-Julie, en se prosternant pendant la bénédiction sacerdotale. Elle se rassied et presque aussitôt l'extase commence.

« Mon bien-aimé Jésus, je vous adore, je vous aime et je vous vois venir à moi tout plein d'amour et de tendresse ! Mon bien-aimé Jésus, cachez-moi dans ce saint amour ; mon cœur s'envole vers vous. Mon bien-aimé Jésus, recevez-moi. Viens vers moi, amour de mon cœur, transport d'amour ! Je n'ai pas mérité de posséder tant de bonheur ! Je serai près de vous, près de cette croix, cher trésor, époux bien-aimé ! Je vous donne mon cœur pour marcher sur vos traces. Faites-moi souffrir, car je languis d'amour. Mon cœur est à vous, renfermez-le dans le vôtre. C'est trop d'amour ! Donnez-moi des souffrances, des croix, mon époux du Calvaire ».

La servante de Dieu met ses mains derrière le dos. Elle continue ses effusions saintes. Elle assiste à l'agonie du Sauveur au jardin des oliviers. On le maltraite, on le condamne, on l'outrage, on le charge de sa croix. Marie partage les douleurs de son Fils. M.-J. mentionne la colonne de la flagellation, les traitements barbares infligés à Jésus-Christ. Elle admire l'héroïsme de Véronique qui, bravant les soldats et les bourreaux, arrive jusqu'au divin Maître et lui essuie le visage couvert de sueur. D'après les paroles de l'extatique, les saintes femmes, Madeleine en particulier, tentent certains soulagements pour Notre Seigneur, que la tradition ne rapporte pas. Marie-Julie implore la clémence et le pardon de Jésus.

« Dépouillez-moi, dit-elle, de ma volonté, de ma liberté ; donnez-moi votre amour ; donnez-moi votre croix, vos épines et vos clous. Dépouillez-moi de tout ; revêtez-moi des habits de la pauvreté ; donnez-moi un vêtement aux pieds de votre croix : la pureté, la virginité. Pardon pour les pauvres pécheurs ; pour moi, mon bien-aimé Jésus ! »

L'Homme de douleurs ne pousse pas un murmure, modèle accompli de patience, de résignation, de charité.

Marie-Julie se met à genoux et commence le chemin de la Croix, marchant en silence sur ses genoux et portant une croix mystique qui l'écrase et la fait marcher sous sa pesanteur avec une difficulté extrême. Elle fait pendant le chemin de la Croix, au moins seize fois le tour de sa chambre. Elle porte une petite croix avec les deux mains au-dessus de l'épaule gauche

Une heure vingt minutes. Première chute. Elle tombe la face contre terre et pleure. Après un certain temps, pendant lequel elle parle tout bas et prie, elle dit à haute voix :

« Mon bien-aimé Jésus, je vous adore et je vous aime. Je vous vois porter mes péchés dans votre tendresse et dans votre amour. Comment ne pas demander à souffrir, misérable pécheresse que je suis ! Mon bien-aimé Jésus me dit :

« Veux-tu souffrir davantage ? Veux-tu souffrir pour consoler mon divin cœur ? Souffrir pour la conversion des pauvres pécheurs ? » Oh ! trop heureuse de souffrir avec vous sur le bûcher du supplice de la croix. — Toujours et partout souffrir ! c'est là que je goûte mon bonheur ! Il faut que je souffre ! Oh ! préparez-moi des croix, des souffrances ! »

Elle se remet à genoux et continue ainsi le chemin de la Croix, portant le bois mystique avec plus de peine et de fatigue qu'auparavant.

A une heure trente cinq minutes, deuxième chute. Elle parle tout bas, sanglotte et prie. Sa petite croix est tombée à sa gauche, détachée d'elle. Puis elle dit tout haut :

« Mon bien-aimé Jésus, je vous adore, je vous vois et je vous suis. Depuis assez longtemps je vous offense ; vous avez assez longtemps souffert pour moi. Je vous promets, ô mon trésor, je vous promets de mourir plutôt mille fois que de vous offenser. — Jésus me montre ses plaies, il tombe la face contre terre et la croix se sépare de lui. O mon Père, ô Verbe éternel, je contemple vos plaies adorables ! Elles sont autant de voix qui crient pour demander des prières. — Prépare ton cœur, me dit le bon Jésus, dans sa tendresse, donne-moi ton amour ; j'ai vu que tu partages mes souffrances. Ce que je te ferai supporter, te conformant à ma volonté, appellera les grâces et les bénédictions du ciel ».

« Je vois la plaie sanglante de son épaule, combien elle est profonde et douloureuse !

— Je te dirai les prières qui allègent mes souffrances ; je désire que cette plaie soit connue de tous mes enfants.

» Mon divin Jésus ouvre son cœur.

— Les personnes pour qui tu pries, qu'elles viennent frapper à la porte de mon cœur divin ; je purifierai par la douleur et des sacrifices ce que vous me demandez ».

Une heure trois quarts. Julie-Marie se met encore à genoux, reste quelques instants les regards fixés vers le ciel, referme les yeux et marche de nouveau sur les genoux. Elle s'arrête près de son fauteuil, s'appuie sur le curé de Savenay, auquel elle donne sa petite croix (de 20 à 30 centimètres), fixe de nouveau ses regards vers le ciel. Elle est oppressée, elle sanglotte, referme les yeux et, laissant sa petite croix entre les mains du prêtre, elle continue sa marche avec sa croix mystique et si pesante.

Une heure cinquante-cinq minutes. Elle tombe pour la troisième fois, la face contre terre, le haut des bras détaché parallèlement à la direction du corps. Elle sanglotte. Après un certain temps de silence et de prières, elle parle de nouveau.

« Mon bien-aimé Jésus, je vous demande d'avoir part sur le Calvaire à vos souffrances. La croix de votre sacrifice se prépare. Cruels bourreaux, clouez-moi à la place de mon Jésus. C'est moi qui ai mérité toutes ces douleurs.

» Mon Sauveur me dit : « Viens sur ma croix ».

« O tendre amour de la croix, quand on vous a goûté, on ne peut plus vous quitter. Etendez-moi sur ce gibet que j'embrasse ; couchez-moi sur ce bûcher. Je veux vivre et mourir sur la croix, sur la croix du Calvaire ».

Elle essaie de se relever six fois et six fois elle retombe, toujours la face contre terre. Au septième effort elle se remet à genoux.

Marie-Julie continue ses invocations au divin Cœur de Jésus. Elle invoque Marie et associe ses prières à celles de la Vierge sans tache.

Elle s'assied sur son fauteuil, les mains croisées sur sa poitrine. Elle assiste au couronnement d'épines, au crucifiement, et son langage est celui d'un ange réclamant les tourments du

Roi éternel des siècles consommant un holocauste réparateur.

Elle ouvre les bras et lève les yeux au ciel.

« Trop douce souffrance, viens accomplir le sacrifice que je demande de toi. Mon cœur nage dans les délices. Mon bien-aimé Jésus, je suis avec vous sur cette croix qui console ».

Trois heures un quart. Elle élève les mains, en ouvrant davantage les bras, se tourne, met le pied gauche sur le pied droit et tombe en arrière de son haut, les bras ouverts et élevés, les mains crispées, comme clouées à la croix.

Elle dit les litanies de sainte Germaine dont chaque verset commence par : Sainte Germaine, épouse de Jésus-Christ, etc., ou : Ma petite sœur, ô ma Germaine, etc.

Après ces litanies, qui sont admirables, elle chante sur un air de complainte, ayant les bras dans la même position. Elle est toujours sur la croix et dit :

« Chaque jour, ô mon époux du ciel, donnez à mon cœur une douceur extrême ; du haut de la croix, ô Jésus, du haut de la croix, jetez un tendre regard sur vos enfants qui pleurent et qui gémissent. Mon bien-aimé Jésus, montrez-nous votre amour. Du haut du ciel, regardez vos enfants. Pitié mon Dieu, pour les pécheurs qui jusqu'ici n'ont pas écouté ! Et vous, Marie, ô ma tendre Mère, priez Jésus votre très-cher Fils ; demandez qu'il ait pitié de nous !

» Sans vous, mon Dieu, hélas ! sans vous, nous périssons ; cachez-nous dans votre Cœur. Tendre Marie, portez tous nos cœurs à Jésus. O divin maître, nous irons tous en vous bénissant à votre saint Cœur. Il sera notre défense. Il sera le roi des hommes. Divin Jésus, faites sortir la victoire de votre Cœur adorable ; manifestez votre clémence.

» Précieux trésor que la Croix ! Quel riche partage que de posséder la Croix !... *Pitié, mon Dieu, du haut de la Croix, pour vos enfants couverts d'un habit de deuil ! Montrez-*

nous la fleur d'espérance qui doit un jour nous sauver!...
Marie, mon auguste mère, présentez à Jésus les plaintes
de nos cœurs, et dites lui que nous désirons la paix. Votre
cher Fils ne sait rien vous refuser. Apportez-nous cette
fleur promise, elle est notre espérance. Hâtez ce temps de la
paix ! Pitié, mon Dieu, pour vos enfants ! — O Marie, demandez à Jésus qu'il pardonne avant d'exercer sa divine
vengeance ! — Nous ne périrons pas, car Marie nous le promet ; Marie, notre mère, nous protégera ».

Trois heures quarante minutes. On dit une dizaine de chapelet pendant que Marie-Julie ne parle pas. — Trois heures
cinquante minutes. Elle est frappée d'un coup de lance. On voit
ses souffrances qui se trahissent par des soupirs de douleur, et
son côté qui se contracte. Elle embrasse le crucifix qu'on lui
a présenté ; elle prie tout bas et est immobile. Puis, à quatre
heures.

« Mon bien-aimé Jésus, je vous adore et je vous aime de
tout mon cœur. Je vous vois mort pour moi sur cette croix
ensanglantée. Là sont bien des cœurs attendris ; mais il en est
d'autres qui sont bien froids et bien durs, chez qui la foi est
morte. Pitié pour ces malheureux ; réveillez l'amour en eux !
Mon bien-aimé Jésus se penche avec pitié, les appelle dans sa
miséricorde. « Accourez pécheurs, dit-il, c'est le temps du
pardon, du repentir, de la contrition. Bientôt ce temps sera
passé, je ne pardonnerai plus, ce sera l'heure de la justice, je
frapperai ».

» Le cœur de mon Dieu est rempli de trésors cachés et non
encore connus. « Bientôt, dit le Sauveur, vous verrez combien
mon cœur possède d'amour pour vous, ô mes enfants qui avez
cessé de m'offenser ! Je ne veux pas vous laisser périr, parce
que vous êtes mon ouvrage ; je vous ai pardonné et vous pardonne chaque jour ».

» Au pied de la Croix, pour la pauvre France, j'ai vu Marie étancher ses larmes avec son manteau. Depuis longtemps elle retient le bras de son Fils, elle suspend sa justice. Marie demande des prières aux enfants du Sacré-Cœur. Elle se fait mendiante pour nous. Elle sollicite du Sacré-Cœur encore un peu de temps pour que nous l'invoquions encore. Le divin Jésus pardonnera-t-il ? »

Marie-Julie voit saint François d'Assise au pied de la Croix, et laisse tomber de son âme des accents dignes du fondateur de l'ordre séraphique.

Marie-Julie baisse les bras le long du corps. C'est le tombeau. Elle reste immobile. Puis (quatre heures et demie) elle reçoit un nouveau coup de lance, ou bien le sang de l'autre coup de lance semble l'étouffer. Elle embrasse le crucifix, sa relique de la vraie Croix, la statue de la Sainte Vierge. Elle demande l'image de saint François d'Assise. Un prêtre en tire une de son bréviaire. Elle ne la prend pas. M. David dit : Je sais ce que c'est, l'image n'est pas bénite ; on la bénit et aussitôt elle l'approche affectueusement de ses lèvres. Même chose arrive pour un chapelet qu'elle refuse. M. David demande s'il est bénit. — Oui, dit-on. — La croix l'est-elle ? — Je n'en sais rien, est-il répondu, je l'avais perdue et on l'a remplacée. — On présente de nouveau le chapelet à Marie-Julie, qui ne le prend pas. Mais la croix étant bénite, elle accepte le chapelet et le baise ainsi que la croix. Elle fait des signes de croix sur le front avec sa relique qu'elle passe sur ses yeux ; elle prie et souvent porte à sa bouche les croix, les chapelets, les reliques qu'elle a avec elle. Pendant ce temps de silence, on récite les quatre dernières dizaines de la deuxième partie du rosaire, plus une dizaine aux intentions de Marie-Julie.

Cinq heures. Elle se lève, se met à genoux, les mains, les yeux tournés vers le ciel.

« Le séraphique père saint François d'Assise avait un amour si tendre pour mon Jésus crucifié, que lorsqu'il entendait prononcer son nom, il tombait la face contre terre et ne pouvait contenir son bonheur.

» O séraphique père saint François, je pourrai bientôt aussi vous appeler mon père et beaucoup d'autres aussi ».

Marie-Julie signale les faits ci-après :

Saint François resta trois heures sans connaissance, quand il sentit le fer de la lance pour la première fois.

Il resta cinq heures en agonie sur le rocher. Une flamme sortait quelquefois de son cœur. — *Elle voit une grâce consolante dont le jour n'est pas loin.*

Cinq heures et demie. Les yeux sont ouverts. Elle donne son crucifix à baiser, lequel lui revient après avoir fait le tour de l'assistance.

Marie-Julie annonce qu'une grande abondance de grâces sortent du Sacré-Cœur de Jésus. « Mais je ne puis tout dire, s'écrie-t-elle, je parlerai en secret. Mon bien-aimé Jésus et sa sainte Mère me défendent de parler en public ».

« La Sainte Vierge ne nous bénira pas aujourd'hui, ce sera Notre Seigneur et le séraphique saint François.

» Nous allons faire une amende honorable au Sacré-Cœur de Jésus ».

Elle se prosterne et dit tout haut une prière admirable. L'assistance entière à genoux, s'unit à elle. Puis elle se relève à genoux et se prosterne, présentant à Notre Seigneur et à saint François tous les objets qu'elle a entre les mains, pendant la bénédiction.

Enfin elle tombe, brisée, dans les bras de sa mère qui l'assied sur son fauteuil où elle revient à la vie commune, mais pas tout de suite. Chacun se retire par discrétion, la laissant à sa famille. Chacun des assistants est heureux et convaincu.

M. David, son confesseur, attend qu'elle revienne entièrement.

Nota. Des circonstances sur lesquelles nous croyons devoir garder le silence, ont éloigné M. David de la Fraudais, depuis la mort de Mgr Fournier ; mais l'extatique a annoncé que son confesseur lui sera rendu.

P. S. — Les derniers avis de Blain n'ajoutent rien à ce qui nous est connu. La Sainte Vierge a promis le triomphe des bons, le bonheur de la France, après les événements dont nous ne voyons que trop les prodromes avant-coureurs. Le Seigneur paraît se réserver de tout faire, et recommande la vigilance. La Mère de Dieu fait toutefois espérer des ordres, sans autre explication.

Les extases ont des variantes, des développements, mais le fond est toujours le même.

— Recueillons-nous, et dans l'attente de ce qui se prépare, adorons celui qui donne la victoire ; qui n'a qu'à souffler pour faire trembler l'abîme, et qui est la puissance sans fin.— A. P.

Une lettre de Bordeaux nous affirme que feu Mgr Fournier, dans la communication donnée par lui à Pie IX, des manifestations de Blain, exposa que Marie-Julie et Berguille, la voyante de Fontet, étaient, par leurs extases, en communication intime, alors qu'elles ne se connaissent pas humainement.

X

Destinées prochaines de la Prusse, de l'Allemagne en général.

Vieille prophétie sur la Prusse. — « L'invasion prussienne en France sera suivie d'un immense désastre pour les

Germains. Malheur au vieux despote! Malheur à son conseiller! Ils seront maudits de tous! Le sang versé criera vengeance contre eux! Je vois la terre couverte de cadavres! Les Germains sont en fuite, traqués de toutes parts par les fils des Gaulois et des Francs, transportés de rage et de colère! Je vois un massacre inouï! L'Europe en frémit de crainte et d'horreur! Le vieux despote est tué, et les vainqueurs ne s'arrêtent que sur les bords du grand fleuve (le Rhin).»

Rosa Colomba.— « La Prusse se soumettra à l'Eglise. »

Maria Stiefel.— « L'Allemagne deviendra le théâtre des plus effrayants événements; une guerre dévastatrice détruira ce pays d'un bout à l'autre; ce qui n'empêchera pas que les peuples d'Allemagne, grandement opprimés, ne parviennent à constituer une patrie libre. »

Prophétie prussienne.— Peu de temps après la découverte de l'imprimerie, dit le docteur Alberti, parut en Allemagne un livre dont il serait, à coup sûr, difficile de trouver plusieurs exemplaires, la « *Sancta Sybilla.* »

Voici la prédiction qu'il contient :

« Un jour viendra où le luxe sera tellement grand que les marchandes de lait porteront des tabliers de soie.

» En ce temps-là, il n'y aura plus de distance; on se parlera d'un bout à l'autre du monde en une minute, et on se répondra à la même minute.

» Les plus lourdes voitures marcheront sans chevaux.

» Les plus gros bateaux remonteront les fleuves sans le secours de chevaux ni d'aucune force humaine.

» En ce temps-là, il y aura un roi du Nord qui porte sur la tête une corne devant, et derrière une visière.

» Ce roi aura une guerre avec un autre roi du Nord, le battra et lui prendra une partie de son royaume.

» L'ambition de cet homme ne s'arrêtera pas là : il voudra

devenir empereur d'Allemagne ; mais sa grandeur sera de peu de durée, car, à peu près cinq ans après, ce même roi aura une guerre avec un autre roi du Nord qui s'appellera Appolonin. Celui-ci le battra, le défaira complétement et détruira son armée, au point qu'elle pourra camper sous le poirier de Lindenbourgeirath.

» Cette guerre sera la ruine...; il y aura un empereur d'Allemagne, mais ce ne sera pas lui. Je ne puis dire qui il est, son visage m'est caché par un voile. »

Le curé d'Ars. — « Les ennemis (les Prussiens) ne s'en iront pas tout à fait ; ils reviendront encore et ils détruiront tout sur leur passage : on ne leur résistera pas, mais on les laissera s'avancer, et après cela on leur coupera les vivres et on leur fera éprouver de grandes pertes ; ils se retireront vers leurs pays ; on les accompagnera, et il n'y en aura guère qui rentreront ; alors on leur reprendra tout ce qu'ils auront enlevé, et même beaucoup plus. »

Le frère Hermann, religieux du couvent détruit de Lehninn, au XIIIe siècle, a laissé une prophétie en cent vers latins, donnant en abrégé les faits et gestes de la famille de Brandebourg jusqu'à l'empereur Guillaume. Publié en 1722, dans *la Prusse savante*, ce document a été réimprimé depuis bien des fois. Adrien Leclère a édité la prédiction, en 1827, avec des commentaires. Il en ressort la prochaine abolition du protestantisme en Prusse, et l'extinction de la race royale après la onzième génération, celle du souverain actuel. C'est là le sens du quarante-neuvième vers, ainsi conçu :

Ce venin durera jusqu'à la onzième génération.

Le quatre-vingt-treizième vers porte ce qui suit :

Enfin celui-là porte le sceptre qui sera le dernier de la race.

Voici les vers de 93 à 100.

94.—Israël ose commettre un crime exécrable et digne de mort.

95.— Le Pasteur recouvre son troupeau, l'Allemagne obtient un roi.

96.— La Marche, oubliant entièrement tous ses malheurs,

97.— choie en toute liberté ses enfants, et l'étranger ne s'y réjouit plus.

98.— Les antiques bâtiments de Lehnion et de Chorinn se relèvent.

99.— Le clergé brille des honneurs qu'on lui rend selon l'ancien usage.

100.— Et le loup ne dresse plus d'embûches au noble troupeau ».

La prophétie s'étant accomplie fidèlement depuis la destruction du couvent jusqu'à ce jour, ne doit-on pas croire à la consommation de ce qui reste à se réaliser, alors surtout que c'est le châtiment de tant d'énormités criminelles et la glorification de la Providence ?

La prophétie de Prémol renferme ce passage : « Que signifie ce chandelier à sept branches, que je vois s'avancer avec ces sept torches, dont la lumière semble vouloir éclipser l'éclat du point qui brille au sommet du temple, et forcer le *ver* (luisant) à rentrer sous terre ! Mais que vois-je ? la torche la plus grande et la plus ardente tombe et s'éteint, et les autres s'en réjouissent et se disputent sa place ».

Les sept branches du chandelier symbolisent les sept états qui envahirent la France en 1870. *Le ver luisant* placé au sommet du temple, c'est Napoléon III. La torche qui s'éteint, c'est la Prusse.

Pour les six derniers vers de la prédiction, autant qu'ils puissent être expliqués on peut dire :

Que le crime commis par Israël, c'est la guerre ténébreuse faite à la Papauté par les sociétés occultes, conduite par des juifs de Berlin et de Rome, juifs plus riches que des rois. M. de Bismarck est le complice de ces révolutionnaires cachés.

Le Pasteur qui recouvre son troupeau, nous paraît le Pontife Saint rétablissant sur l'Allemagne l'autorité légitime de l'Eglise.

Du vers quatre-vingt-seizième au vers centième, le prophète se réjouit de la délivrance de son pays, la marche de Brandebourg où se relève le couvent de Lehninn ; du catholicisme qui triomphe et du *loup* qui laisse en paix le troupeau, loup dont le lecteur prononçera suffisamment le nom.

Plusieurs prédictions qui n'ont pas encore été publiées contiennent l'assurance que la Prusse sera abaissée. La voyante de Blain est très-affirmative sur ce point.

Tome IIIᵉ de la vie d'Anne-Catherine Emmeriche, par l'abbé Cazalès, page 184, on lit :

« Une fois, étant en extase elle (la voyante) fit entendre ces paroles ou plutôt ces lamentations : « Ils veulent enlever au Pasteur le pâturage qui est à lui ! Ils veulent en imposer *un* qui livre tout aux ennemis ! » Alors, saisie de colère, elle leva son poing fermé en disant : « Coquins d'Allemands ! attendez ! Vous n'y réussirez pas : le Pasteur est sur un rocher ».

Le texte qui suit, est extrait d'un commentaire manuscrit sur l'*Apocalypse*, composé avant 1850.

« Le second ange répandit sa coupe sur la *mer*, et elle devint comme le sang d'un mort.

» Il n'est pas nécessaire de répéter que la *mer* c'est l'Allemagne...... »

« Nous avons déjà vu le dragon s'arrêter sur le sable de la *mer*, là où la mer était et ne sera plus. Au 21ᵉ chapitre, v, 1ᵉʳ, nous rencontrons ces paroles : « Et la mer n'était plus ».

« La population des contrées que le prophète désigne sous le nom de mer seraient-elles vouées à une extermination entière ou condamnées comme les Israélites des tribus schismatiques à un triste exil dans les régions étrangères ou éloignées. Fasse le ciel qu'il n'en soit pas ainsi. Toujours est-il que la mer est réservée à un châtiment qui sera grand et qui, selon les apparences, surpassera les plaies dont les autres nations coupables seront frappées. Si la peine doit être proportionnée au crime, il faut avouer que l'Allemagne, cette mer de tant d'erreurs monstrueuses a bien mérité le sort funeste qui semble devoir être son partage ».

XI

LA NATIONALITÉ POLONAISE SERA RECONSTITUÉE.

Le B. Bobola. — En 1854, le P. Gregorio Felkierzanab, jésuite polonais, écrivit une relation que nous avons publiée en 1863, dans notre *France littéraire*. C'était l'exposé d'une apparition du B. Bobola, martyr de la Compagnie de Jésus, à un dominicain distingué de Wilna, nommé Korzenicki. C'est ce dernier qui avait dicté le document.

Un soir, le religieux dominicain, que le gouvernement russe empêchait de prêcher (1819), après avoir invoqué le B. Bobola, le vit apparaître dans sa cellule, et en reçut la promesse que la Pologne redeviendrait libre. Il lui dit, comme preuve, d'ouvrir sa fenêtre et de regarder.

« Le P. Korzenicki jette les yeux sur la campagne qui lui apparaît couverte d'innombrables bataillons russes, turcs, français, anglais, autrichiens, prussiens : d'autres peuples encore, que le religieux ne peut distinguer, combattent avec un acharnement dont il n'y eut d'exemple que dans les guerres les plus furieuses. Le Père ne comprenant pas ce que tout cela signifiait, le B. Bobola le lui expliqua en ces termes : « Quand la guerre, dont le tableau vous a été révélé, aura fait place à la paix, alors la Pologne sera rétablie, et moi j'en serai reconnu le principal patron, car notre sainte religion sera libre ».

Comme signe matériel de sa promesse, le B. Bobola imprima sa main sur le bureau du P. Korzenicki. Le lendemain, le couvent entier vit l'empreinte miraculeuse, et le meuble est encore conservé. La guerre indiquée par le bienheureux est au nombre de celles où sera présent le Grand Monarque, et elle est prochaine.

Prophéties allemandes. — « La Pologne recouvrera son indépendance ».

Voici le résumé des prophéties sur la Pologne : « Lorsque cette nation aura expié ses erreurs durant un siècle, elle ressuscitera enfin. Avec l'or de l'Angleterre et le secours de la France, elle s'insurgera de toutes parts, et quatre grandes victoires scelleront sa délivrance. Il ne restera plus sur la terre polonaise ni un allemand ni un russe vivant, et la Pologne redeviendra grande et puissante jusqu'à la fin des siècles ».

Le P. Marc. — Ce religieux de l'Ordre des Carmes a retracé les tourments et les longues tortures de la Pologne ; il termine par ce cri d'espérance : « Mais toi, ô Patrie, tu te relèveras, tu deviendras l'ornement de l'Europe chrétienne ; car, ainsi que le Phénix, tu renaîtras de ton bûcher ».

XII

FIN DE L'EMPIRE TURC

Boré, Correspondance et Mémoires d'un voyageur en Orient. — « L'Orient est dans l'attente ; les traditions lui ont appris qu'un grand roi de France serait tout à la fois son vainqueur et son sauveur ».

Saint François de Sales a dit, dans l'Oraison funèbre de Philippe-Victor-Emmanuel de Lorraine : « Plusieurs estiment que ce sera un de nos rois, ô France, qui donnera le dernier coup de la ruine à la secte de ce grand imposteur Mahomet ».

Recueil chrétien. 1611. — « Les Turcs seront extirpés. On verra les hommes passer la mer par grandes compagnies, et l'église Sainte-Sophie sera en valeur et viendra toute félicité. Le lion sauvage sera amené à la mère Eglise chrétienne, avec un lez de soie, et sera faite nouvelle réformation qui durera longtemps. Et le nom de l'empereur des Turcs ne sera plus ouï entre les catholiques ».

Artus Thomas (in-folio sans date). — « Peuples désolés, qui gémissez sous le joug, voici le temps où votre tristesse sera changée en joie. Cette fière Bizance, autrefois la dominatrice du monde, était abandonnée à la tyrannie. Chrétiens asservis, ne perdez pas confiance, car je vois luire le soleil qui éclairera votre liberté. O toi, qui fus aussi la ville aux sept collines, Dieu te suscite enfin un héros ! Saluez celui qui tarira vos pleurs et vous prendra sous la protection de ses armes. Son origine est illustre ; il est grand comme vos anciens empereurs, et Dieu est avec lui. Il accablera le loup dont vous étiez la proie. Celui qui doit vous affranchir est humble et voudrait fuir le rang suprême ; mais un ange du ciel l'exhorte, et il accepte le souverain pouvoir. La gloire lui est promise, et le Vicaire de Jésus-Christ le bénira, lui assurant le triomphe (on reconnaît ici le Grand Monarque). Vos maux seront finis ; vous fleurirez dans la paix : le réparateur commandera en Orient et en Occident. Peuples et rois, battez des mains sur son passage ! Soldats qui le suivez, soyez intrépides ! Là-haut vous attend la palme qui récompense. Surtout fléchissez les genoux devant le Seigneur : car c'est de lui que vient toute assistance et toute protection ».

Holzhauzer. — « L'empire des Turcs sera brisé, et toutes les hérésies seront éteintes ».

Curiosités des traditions. — « La porte d'or de Constantinople, par laquelle entraient les triomphateurs, portait cette prédiction : « Quand viendra le roi blond de l'Occident, je m'ouvrirai de moi-même ». Les Turcs, qui ont muré cette porte, croient qu'elle doit un jour livrer passage aux chrétiens.

Prophéties sur l'Orient. — « Le lion sauvage (le sultan) sera amené à la mère Eglise chrétienne avec un lez de soie, et sera faite nouvelle réformation. Et le nom de l'empereur des Turcs ne sera plus ouï entre les catholiques ».

« Ce sera un certain prince chrétien qui prendra possession de l'Egypte ».

«La foi de Notre-Seigneur Jésus-Christ sera portée dans les provinces de l'Orient, la croyance de Mahomet cessera ; et les Mahométans « demanderont le baptême de Jésus-Christ ». Un jour la Mecque, Médine et autres villes de l'Arabie Heureuse seront détruites, et les cendres de Mahomet, ainsi que ses partisans, seront dispersées sous les quatre vents du ciel ».

Diverses prophéties affirment que le peuple indien jettera

bas le manteau de l'erreur, pour embrasser généreusement la foi catholique.

En même temps que la conversion de l'Angleterre et de la Russie, A.-M. Taïgi a prédit la conversion de l'empire chinois. L'Ecriture nous a dénoncé elle-même le temps où nous entrons comme devant être celui d'un seul troupeau, d'un seul pasteur.

Le prodige de Nicopolis.— Sous la signature de quatre missionnaires, nous possédons le récit d'un prodige arrivé à Nicopolis, en 1820. En voici la substance : Sur le croissant placé au haut des minarets des trois différentes mosquées, ou aperçut trois croix réelles et palpables. Le bruit de cet événement se répandit aussitôt, et les Turcs en furent saisis d'effroi : ils y voyaient la victoire de la religion chrétienne sur l'islamisme. Le pacha de Nicopolis ordonna immédiatement d'ôter ces croix. Un Turc s'approcha, fusil en main, et visa la croix de la forteresse. La croix ne fut pas atteinte, mais le malheureux tomba lui-même frappé de mort. Un autre Turc, extrêmement hardi, monta au sommet des minarets des mosquées du nord ; il parvint à briser les croix, mais avec elles furent détruits les croissants qui les supportaient. Voulant en faire autant de la croix de la forteresse, celle-ci disparut lorsqu'il fut rendu au haut du minaret ; puis, lorsqu'il fut descendu, reparut de nouveau la croix.

Plusieurs autres musulmans tentèrent à leur tour l'entreprise, mais en tremblant et sans résultat. La mosquée fut fermée pour toujours. Pendant neuf ans, la croix est demeurée visible pour tous les habitants de Nicopolis; elle ne disparut qu'en 1835, lorsque la mosquée fut détruite par un tremblement de terre. Les deux croix qui restèrent brisées avec le croissant étaient des croix grecques, tandis que celle de la citadelle était une croix latine. De là deux faits évidents pour qui voudra comprendre : c'est le catholicisme qui triomphera et de l'islamisme et du schisme grec.

L'Apocalypse.— « Les Gentils fouleront aux pieds la ville sainte (Jérusalem) pendant quarante-deux mois. Apocalypse, XI, 2 (42 $\times$ 30 $=$ 1260). Nous pensons que les mois dont parle ici saint Jean sont des mois d'années et non des mois de jours, et qu'ils expriment par conséquent une durée de douze cent soixante ans. Ceux qui voudraient nous accuser de hardiesse et de témérité dans notre manière d'interpréter, nous les renverrons : 1º aux soixante-dix semaines de Daniel ; 2º à l'évangile de saint Luc, où Notre-Seigneur Jésus-Christ dit à ses disciples : « Jérusalem sera foulée aux pieds par les Gentils, jusqu'à ce que les temps des nations soient accomplis (XXI, 24) ; 3º enfin à l'histoire du moyen-âge et des temps modernes, où ils verront que Jérusalem a été sous la domination des musulmans depuis douze siècles, c'est-à-dire depuis qu'elle a été prise par Omar Ier, vers l'an 636. Nous concluons de là que Jérusalem sera délivrée de ses oppresseurs l'an 1896. (A. Le Pelletier, *Cycle universel*.)

Les Turcs sont persuadés qu'ils seront chassés de Constantinople sous un sultan du nom de Mahomet.

Prophétie abyssinienne.— « Un jour, la Mecque, Médine et autres villes de l'Arabie-Heureuse seront détruites, et les cendres de Mahomet ainsi que ses partisans seront dispersés sous les quatre vents du ciel. Ce sera un certain prince chrétien, né dans un pays septentrional, qui exécutera tout cela ; et il prendra en même temps possession de l'Egypte et de la Palestine. »

P. S. — Le succès de la Russie dans la guerre contre les Turcs, ne doit pas nous abuser. Rien n'est terminé dans la question d'Orient ; c'est peut-être le cas de dire que tout commence. L'attitude de l'Angleterre et des autres puissances fait assez présumer l'ébranlement européen qui se prépare. La Russie ne se donnera pas sa part, on la lui fera. Une fois la France relevée, et elle le sera, tout changera de face, et c'est surtout par la France que la question d'Orient sera tranchée. Certaines prédictions montrent Constantinople obéissant, après les conflits armés qui doivent suivre, à un ordre de chevalerie créé pour le défendre.

XIII

Vaticinations sur Rome, le Concile du Vatican, la fin des hérésies.

Anna-Maria Taïgi. — « Si les Romains savaient ce qui se prépare pour eux, au lieu de s'amuser, ils se cacheraient dans les Catacombes. Le Seigneur permettra que l'iniquité triomphe à Rome et en d'autres lieux, pour séparer le bon grain de l'ivraie, car Dieu veut, par des châtiments, ramener les membres du sanctuaire à la simplicité et à l'esprit de leur état. »

J. de Vatiguerro. — « Toute l'Eglise dans tout l'univers sera persécutée d'une manière lamentable et douloureuse ; elle sera dépouillée et privée de tous ses biens temporels, et il n'y aura si grand personnage dans toute l'Eglise qui ne se trouve heureux d'avoir la vie sauve. Car toutes les églises et les monastères seront souillés et profanés, et tout culte public cessera à cause de la crainte et de l'emportement de la rage la plus furieuse. Les religieuses, quittant leurs monastères, fuiront çà et là, flétries et outragées. Les pasteurs de l'Eglise..., chassés et dépouillés de leurs dignités et prélatures, seront cruellement maltraités..., et, pendant un court espace de temps, l'ordre entier du clergé restera dans l'humiliation... Car

toute la malice des hommes retournera contre l'Eglise universelle ; et, par le fait, elle sera sans défenseur pendant vingt-
cinq mois et plus, parce que, pendant ce temps, il n'y aura ni
Pape ni empereur à Rome, ni régent en France.»

De la fin de ce texte il faut rapprocher ces mots de la prophétie de Prémol : « Les fils de Sion se partagent en deux
camps : l'un, fidèle au Pontife fugitif, et l'autre, qui dispose
du gouvernement de Sion, respectant le sceptre mais brisant
les couronnes, et qui place la tiare mutilée sur une tête ardente, qui tente des réformes que le parti opposé repousse, et
la confusion est dans le sanctuaire! »

En nous rappelant divers passages prophétiques, ayant rapport à la possibilité prochaine d'un anti-pape, et en obser-
vant les intentions de plusieurs gouvernements européens
relativement au Conclave, faut-il croire à un schisme momentané? Il est toujours prudent de ne pas se risquer à des
interprétations délicates. Les prophéties privées sont prises
par les bons esprits dans leur acception générale ; le reste,
c'est à l'avenir de l'expliquer.

La sœur de la Nativité voyait peut-être nos désordres lorsqu'elle disait :

« Parmi ceux qui devaient soutenir l'Eglise, il s'est trouvé
des lâches et des indignes, de faux pasteurs, des loups revêtus
de la peau de l'agneau et qui ne sont entrés dans le bercail
que pour séduire les âmes simples, égorger le troupeau de
Jésus-Christ et livrer l'héritage du Seigneur à la déprédation
des ravisseurs, les temples et les saints autels à la profanation. J'ai vu chanceler les colonnes de l'Eglise, et un grand
nombre d'elles sont tombées.» (T. 1, art. III, § 2).

Le Concile, commencé au Vatican en 1870, sera continué
sous le Grand Monarque et le Pontife Saint. «Toutes les hérésies seront éteintes, dit Holzhauzer ; mais l'œuvre de Dieu

étant d'ordinaire marquée au coin des difficultés, tant de bien ne se fera pas sans en rencontrer de grandes, et si grandes, qu'elles nécessiteront la tenue d'un Concile général, qui sera le plus célèbre de tous et le dernier.»

Religieuse trappistine.— « Elle refleurira, cette religion sainte... Plusieurs nations rentreront dans le sein de mon Eglise. Cependant je vis de grands troubles dans cette Eglise ; ils n'ont été terminés que par un Concile général.»

La sœur de la Nativité. — « L'impiété révolutionnaire sera anéantie, son châtiment sera terrible ; mais quelle consolation, quelle joie pour les vrais fidèles ! Je vois dans la Divinité une grande puissance conduite par le Saint-Esprit et qui, par un second bouleversement, rétablira le bon ordre... Je vois en Dieu une assemblée nombreuse de ministres de l'Eglise qui, comme une armée rangée en bataille et comme une colonne inébranlable, soutiendra les droits de l'Eglise et de son chef, rétablira son ancienne discipline. En particulier, je vois deux ministres du Seigneur qui se signaleront dans ce glorieux combat, par la vertu du Saint-Esprit qui enflamme d'un zèle ardent le cœur de cette illustre assemblée.

» Tous les faux cultes seront abolis, je veux dire : tous les abus de la révolution seront détruits et les autels du vrai Dieu rétablis ; les *anciens usages* seront remis en vigueur, et la religion, du moins à quelques égards, deviendra plus florissante que jamais.»

Sainte Catherine de Sienne. — « A la fin de ces tribulations et de ces angoisses, Dieu, d'une manière imperceptible aux hommes, purifiera l'Eglise.. . Toutes les nations fidèles se réjouiront de se voir illustrer par de si saints pasteurs ; les peuples infidèles eux-mêmes, attirés par la bonne odeur de Jésus-Christ, reviendront au bercail catholique et se convertiront au véritable Pasteur et à l'Evêque de leurs âmes ».

Marie Lataste. — « L'impiété sera renversée, ses projets dissipés, ses desseins réduits à néant, à l'heure où elle les croira accomplis et exécutés pour toujours ».

La B. Catherine de Racconigi. — Elle disait à l'occasion du Concile de Trente, qui lui était indiqué : « Il n'y aura pas de Concile complet ou parfait, avant le temps où viendra ce très-saint Pontife que l'on attend pour la rénovation future de la sain e Eglise ».

Léon XIII est-il le grand Pape à qui les prophéties défèrent une mission immense ? Ce Pontife continue Pie IX. Il est fort comme son prédécesseur, et les circonstances providentielles de son élection proclament hautement les desseins d'En-haut sur son auguste personne. Les prophéties connues jusqu'ici ne lèvent pas le voile qui couvre la réponse à cette grave question. Les révélations d'A.-M. Taïgi la trancheraient, assure-t-on, mais elles sont closes. Une vaticination, qui dit du successeur de Pie IX, *qu'il sera maigre comme un clou,* est connue d'un petit nombre de personnes. Elle a pour objet l'identité du Pontife saint ; mais des raisons spéciales ne nous laissent pas libre de donner ces lignes inédites.

XIV

UNE CHAINE DE PROPHÉTIES.

Une antique prédiction irlandaise fixe la pleine délivrance de la *verte Erin,* à une année après celle de Rome.

En 1737, parut la vaticination ci-après :

Magnus tremor erit. Il y aura un grand ébranlement.

Nullus Pastor erit. Il n'y aura plus de Pasteur.

Unus Pastor, unum ovile. Un seul Pasteur, un seul troupeau.

Ces trois mots contiennent trois dates : 1789, les jours mauvais qui approchent, le triomphe qui suivra.

Maria-Antonia del Senor, sainte femme espagnole, voyait la place de S. S. Pie IX au ciel, « au milieu des martyrs ».

Sainte Brigitte, dans ses Révélations, affirme le retour de la Suède à l'orthodoxie. Cette voyante déclare aux Grecs, séparés de l'unité romaine par un *orgueil obstiné*, « qu'ils demeureront toujours sous le joug de leurs ennemis qui leur feront subir sans relâche de très-grands dommages et de longs malheurs, jusqu'à ce qu'ils en viennent à se soumettre en toute humilité et charité à l'Eglise et à la Foi romaine, en se conformant entièrement aux saintes constitutions et aux rites de cette même Eglise ».

La B. Marguerite-Marie. — « Fais savoir, lui avait dit Jésus-Christ, au fils aîné de mon Sacré-Cœur (Louis XIV) que comme sa naissance temporelle a été obtenue par la dévotion aux mérites de ma sainte Enfance, de même il obtiendra sa naissance de grâce et de gloire éternelle par la consécration qu'il fera de lui-même à mon Cœur adorable, qui veut triompher du sien, et par son entremise de celui des grands de la terre. Il veut régner dans son palais, être peint sur ses étendards et gravé dans ses armes, pour les rendre victorieuses de tous ses ennemis, en abattant à ses pieds ces têtes orgueilleuses et superbes ; pour le rendre triomphant de tous les ennemis de la sainte Eglise ».

Louis XIV ne fut pas prévenu de cette prescription céleste, et ce fut un malheur dont les conséquences s'étendent aux désastres de sa vieillesse ; aux licences de la Régence et du règne de Louis XV ; aux horreurs de la Révolution. C'est parce que la couronne de France unira le Sacré-Cœur aux Lys, que le Grand Monarque sera constamment heureux et triomphant.

Le Vénérable Grignon de Montfort. — Ce glorificateur de la Très-Sainte Vierge, en Bretagne, au siècle dernier, parle en ces termes des serviteurs de Marie, choisis, dans les jours qui approchent, pour publier le règne de Dieu sur la terre : « Ce seront des nuées tonnantes et volantes par les airs, au moindre souffle du Saint-Esprit, qui sans s'attacher à rien, ni s'étonner de rien, ni se mettre en peine de rien, répandront la pluie de la parole de Dieu et de la vie éternelle : ils tonneront contre le péché, ils gronderont contre le monde, ils frapperont le diable et ses suppôts, et ils perceront d'outre en outre, pour la vie et pour la mort, avec leur glaive à deux tranchants de la parole de Dieu, tous ceux auxquels ils seront envoyés de la part du Très-Haut ».

Saint Léonard de Port-Maurice. — Ecrivain distingué, éloquent missionnaire, restaurateur de la dévotion du chemin de la croix en Italie, au XVIIIe siècle, ce saint brûla de zèle pour obtenir la proclamation du dogme de l'Immaculée Conception de la Mère de Dieu. Ses lettres, à cet effet, au Nonce apostolique à Paris, sont de précieux documents historiques. Le prophète assure que la paix universelle doit suivre cette proclamation. Il voyait dans la poursuite de cette grande pensée pour la France : « *Le royaume heureux, la succession se perpétuant dans la famille royale, les hérésies abattues, les différends entre les divers potentats du monde entier aplanis* ». « Prions donc avec instance, disait le voyant, afin que l'Esprit Saint inspire à Notre Saint Père le Pape la volonté de s'occuper avec ardeur de cette œuvre d'une si grande importance, *d'où dépend la paix du monde* ».

Le B. Labre, ce pauvre sublime, cet humble et grand pèlerin tout à la fois, a prédit la destruction de Paris, et a vu à l'avance les incendies, les profanations et les sacrilèges accomplis par la révolution. Le bienheureux « *terminait tou-*

jours en disant que la pénitence seule pouvait désarmer la colère de Dieu ».

A.-M. Taïgi. — M. l'abbé Curicque a recueilli ces paroles du Postulateur de la cause de la Vénérable : « La servante de Dieu avait prédit que la Papauté rentrerait, avec éclat , dans la possession intégrale de tout le patrimoine de saint Pierre ; que , bien plus , ceux de ses ennemis qui étaient les plus acharnés contre le pouvoir temporel du Saint-Siége, ne resteraient point en vie jusque là et ne verraient pas ce glorieux triomphe ».

Le P. Isidore de Isolanis, des Frères prêcheurs, annonçait au XVIe siècle la splendeur future du culte de saint Joseph, culte solennel auquel bientôt le monde devra des grâces très-abondantes.

La vénérable Marie d'Agréda, à qui a été dictée surnaturellement la *Cité mystique* ou Vie de la Très-Sainte Vierge, a décrit les combats de la Reine du ciel, aux ordres de qui les anges, conduits par saint Michel, écraseront, en nos temps, le dragon infernal et ses noires armées.

A.-C. Emmerich, morte en 1824, a tracé dans ses visions la peinture que voici de la situation présente : « Bientôt néanmoins il me fallait redescendre dans les régions ténébreuses, au milieu du plus affreux spectacle qui se pût voir : la perfidie, l'aveuglement, la méchanceté, la duplicité, la vengeance, l'orgueil, la tromperie, l'envie, l'avarice, la discorde, l'homicide, la luxure et une affreuse impiété passaient sous mes yeux : les victimes de ces vices, loin d'y trouver quelque avantage réel, n'en devenaient que plus aveugles, que plus misérables, et leur chute dans l'abîme ténébreux n'en était que plus profonde ».

La même prophétesse retrace le combat suprême entre la vérité et la révolution, composée à la fois de scélérats et d'hypocrites. « A la fin, dit-elle, il ne resta plus debout qu'une poignée de braves : c'étaient les gens bien pensants ; la victoire leur demeura ».

E. Canori Mora obtint par son humilité et son esprit de sacrifice les plus signalées faveurs pour l'Eglise et pour les peuples. Le triomphe lui fut annoncé, avec la promesse que nous retrouvons partout : « Je donnerai à mon Eglise un nouveau Pasteur, saint et rempli de mon esprit : par son grand zèle il réformera mon troupeau ».

Le P. M. Clauti. — « Il viendra un grand fléau ; il sera terrible, et dirigé uniquement contre les impies. Ce sera un fléau tout nouveau, et tel qu'il n'y en a point eu jusqu'ici dans le monde. Le ciel et la terre s'uniront, et de grands pécheurs se convertiront, parce qu'alors ils connaîtront Dieu. Ce fléau se fera sentir dans le monde entier, et il sera si terrible que ceux qui lui survivront s'imagineront être les seuls qu'il ait épargnés. Tous seront bons et repentants. Ce fléau sera instantané, mais terrible ».

Ne faut-il pas voir ici les ténèbres pestilentielles qui doivent envelopper le monde pendant plusieurs jours ?

La vénérable Margueritte-Marie et d'autres servantes privilégiées de Dieu, ont assuré que le salut de la terre était attaché au culte du Sacré-Cœur. Une révélation spéciale d'une tertiaire dominicaine affirme que la solennité du Sacré-Cœur devenant fête d'obligation dans l'Eglise universelle, la félicité sera définitivement rendue à l'humanité.

Silvio Pellico. — « Aujourd'hui, comme au temps du déluge, les hommes sont en guerre contre Dieu. Le traité d'alliance paraît être sur le point de se signer. Cette fois le traité sera signifié à la terre, comme jadis, par la colombe de l'arche ; néanmoins l'oiseau divin portera dans son bec, non plus une branche d'olivier, *mais une fleur de lys* ».

La Mère du Bourg. — Elle entendit le Seigneur dire d'une voix menaçante à Louis-Philippe : « Vous m'avez méprisé ; vous avez fait apostasier mon peuple, en le faisant travailler le dimanche. La jeunesse a été livrée aux impies ». Bientôt après éclatait la révolution de 1848.

Un curé de Lyon. (1817). — « Il y aura des pays où à peine se trouvera-t-il quelques justes ; ils seront épargnés, et les méchants en seront étonnés. Mais ils sauront bientôt que c'est parce qu'ils sont justes et amis de Dieu, pleins d'amour et de confiance envers le Cœur de Jésus. Il fera des miracles frappants, et il en opérera par la main des justes ses amis ».

La Mère du Bourg. — « Voilà où nous en sommes (1857) ; les châtiments du Seigneur vont tomber sur nous en diverses manières. Des fléaux, des troubles, le sang versé. Il y aura dans notre France un renversement effroyable ! Cependant ces jours seront abrégés en faveur des justes. Dieu élèvera sur le trône un roi modèle, un roi chrétien ».

Beaucoup de faits surnaturels et contemporains sont encore des voix prophétiques, continuant la prédiction de la Salette : Dieu est irrité contre les crimes de la terre ; son bras est levé pour frapper des coups formidables ; la prière et la pénitence peuvent seules adoucir les calamités prêtes à fondre sur nous.

Telle est la signification des apparitions de la Sainte Vierge, à trois petites filles, au village de Marpingen, diocèse de Trèves, en octobre 1876.

Les apparitions nouvelles (1877) de la Sainte Vierge, au village de Gietzrwald (diocèse d'Ermeland), sur lesquelles des renseignements nouveaux sont attendus, ne sont-elles pas comme un avant-coureur de cette délivrance prédite à la Pologne par plusieurs prophètes ?

Le divin Salvatore (décembre 1877) a raconté, de son côté, avec des témoignages autorisés, des apparitions de Marie, non loin du village de Mettenbuch et d'une abbaye de Bénédictins, semblables à celles de Marpingen et de Gietzrwald. Marpingen touche la frontière de France ; Gietzrwald est sur la limite de la Pologne et de l'Allemagne ; Mettenbuch est un point contigu à l'Allemagne et aux pays de nationalité slave.

Un pieux vieillard, George Carlod, a été favorisé d'une série de visions : Ici comme partout où elle s'est manifestée, Marie, secours des chrétiens, a fait craindre de grandes afflictions, à cause de la dépravation des mœurs, de la profanation du dimanche, du sensualisme qui courbe les hommes sous son joug. Elle a vivement recommandé la prière.

Nous pourrions relater ici d'autres apparitions miraculeuses, à la suite desquelles il y a eu des guérisons, des conversions, des faits, en un mot, qui font croire à l'intervention divine ; mais nous ne prétendons pas épuiser le sujet. Nous donnerons, cependant, un exposé sommaire de quelques manifestations enregistrées par les journaux religieux.

C'est à la suite d'une triple apparition à une sœur de charité qu'a été établi le scapulaire de la passion, avec la sanction de l'Eglise.

L'Archiconfrérie réparatrice et les sœurs de l'Adoration réparatrice doivent leur institution à plusieurs communications de Notre-Seigneur à une religieuse.

En 1857, à Allonville, près Amiens, le ciboire répandit des larmes à diverses reprises, en dehors de toute explication physique possible. De nombreux témoins ont vu le prodige et en ont témoigné. C'était aux approches de la fatale guerre d'Italie et de la spoliation du Saint-Siège.

A Vrigne-aux-Bois, diocèse de Reims, en 1859, l'hostie de la sainte Messe, à quatre reprises diverses, se couvrit de quatre taches de sang. Une de ces hosties est conservée dans un ostensoir. Ces hosties miraculeuses ont été vues par des témoins dignes de foi comme les larmes surnaturelles d'Allonville. Peut-on ne pas reconnaître dans ces signes prodigieux, des avertissements du ciel sur les douloureux événements qui se passaient où vers lesquels nous marchons ?

Le 24 juin 1871, à Barri, dans le royaume de Naples, une statuette de l'Enfant Jésus a sué du sang ; a pris dans sa main une croix de laquelle le sang a découlé. Elle a écrit avec ce sang sur des linges bénits et des images, des symboles caractérisant la situation ; les procès-verbaux sont d'une pleine authenticité.

Le 12 mai 1848, à Obermauerbach, en Bavière, la Sainte Vierge était venue révéler à un petit berger que des épidémies et des guerres allaient désoler les nations coupables.

Le 19 mai 1853, Notre-Dame des Sept Douleurs apparaissait à Véronique Nucci, bergère, âgée de douze ans, et lui communiquait les mêmes menaces.

A Suriano, en Calabre, le 15 septembre 1870, jour où Rome était investie par les troupes du roi qui vient de mourir subitement au Quirinal, une statue de saint Dominique fit pendant plusieurs heures des mouvements que la foule observa et qui la jetèrent dans l'admiration et dans la crainte.

Lors de la première révolution, plusieurs Madones d'Italie présentèrent des phénomènes surnaturels. En 1862, la Madone *Auxilium Christianorum*, près de Spolète, accomplit des prodiges. La madone de Vicovaro a présenté également des symptômes de calamités prochaines. A Rome, la Madone dite de Pie IX a versé des larmes.

Une dame protestante se convertit, à Rome, en 1850, à la suite d'une triple apparition de Marie, dans la chapelle du Pape, à Saint-Jean-de-Latran et à l'audience pontificale.

A la Maison de Secours de Nancy, une Vierge miraculeuse a consolé des affligés et leur a distribué des grâces (1870).

Nous ne saurions omettre de signaler les stigmatisées ou extatiques qui ont précédé, dans ce siècle, celles qui attirent l'attention présentement. En Allemagne, ce sont surtout Crescenzia Niekluscch, Julienne Waiskircher; en France, Thérèse-Joséphine Cartier, et plusieurs autres. Mais les deux plus célèbres ont été Marie Dominique Lazzari, de Capriana, au diocèse de Trente, et Marie de Moerl, de Kaltern, dans le Tyrol. « Nommer Marie de Moerl, dit un biographe, c'est invoquer, pour ceux qui l'ont connue ou qui en ont seulement entendu parler, une vision céleste de chérubin plutôt que de sainte.» Les extases de cette victime de la croix, qui attirèrent les foules, durèrent de 1832 à 1868, époque de sa mort. La peinture en est des plus saisissantes. Marie de Moerl, comme les autres extatiques, eut le don de prophétie.

Nous arrêterons ici nos indications sur les prophéties en général et sur les signes révélateurs qui écartent devant nous les voiles épaissis devant l'avenir. Les téméraires, les endurcis s'obstineront dans leurs préjugés, dans la torpeur qui les alourdit. Les prudents agiront autrement, et loin de traiter les prophéties de chimères, ils mettront à profit les avertissements divins qu'elles renferment.

Comme corollaire aux signes providentiels qui précèdent, ne faut-il pas mentionner les fléaux précurseurs qui ont déjà désolé tant de peuples ?

La petite vérole a ravagé plusieurs pays. Le choléra a décimé la Perse, la Russie, la Turquie. La famine a fait sentir ses horreurs à la Perse, puis à l'Inde, où elle sévit encore. En Chine, elle reparaît et s'annonce d'une manière on ne peut plus sinistre. Elle sévit ailleurs et il est écrit qu'elle doit visiter l'Occident. La lèpre a reparu en divers endroits.

Des tremblements de terre ont bouleversé divers pays, et des villes entières ont été ensevelies avec leurs habitants. Des éruptions volcaniques ont porté au loin leurs ravages. Des incendies ont dévoré des milliers de maisons et de vastes monuments. Un des derniers avis d'outre-mer signale deux mille habitations détruites à Manille. Des inondations ont causé d'énormes dégâts et renversé des localités de fond en comble. Ces fléaux ont fondu sur les diverses parties du monde. Les sinistres sur mer : naufrages, navires brisés, incendiés, cargaisons et passagers engloutis, ajoutent à cette sombre nomenclature.

L'homme grave, qui médite les textes prophétiques, songe avec épouvante aux rigueurs qui doivent pleuvoir sur les nations oublieuses des vérités éternelles, qu'il s'agisse d'épidémies, de batailles, de chômages, de bouleversements, de profanations, de cités maudites, d'éléments dévastateurs.

Quel esprit un peu clairvoyant ne reconnaît la décomposition sociale dans la tiédeur universelle, l'ignorance, la duplicité, l'orgueil cynique de la demi-science trafiquant des plus saints noms, et le libéralisme effronté se jouant des hommes et des choses, au nom de vertus d'emprunt qu'un examen un peu sévère fait évanouir. On crie contre les révolutionnaires déclarés, sans voir les anarchistes cachés sous le masque du bien. Les premiers coupables sont les hypocrites, les fourbes, les faux zélateurs de la justice; ce sont eux qui ont frayé la voie aux anarchistes effrénés. Nulle part d'âme supérieure, d'ardeur chevaleresque, d'énergie héroïque. A genoux! et prions, car il ne nous reste que l'humilité pour refuge et l'invocation pour dernier espoir.

P. S. — Plusieurs prophéties ont fait nouvellement leur apparition, bien qu'elles aient une certaine date. La suivante est d'un nommé Rodolphe Gœros, qui l'imprimait en 1523 :

« Vers la fin du dix-neuvième siècle, il y aura des républiques en Suisse, en France, en Italie ; des signes dans tout l'univers, des pestes, des guerres, des famines ; de grandes villes seront détruites, des rois, des prélats, des religieux seront tués.

» Vainqueurs dans la première lutte, les ennemis de Dieu seront vaincus dans la seconde. L'Eglise sera dépouillée de ses biens temporels ; le Pape sera tenu en captivité par les siens ; le siége de Pierre deviendra vacant : il n'y aura pas de Pape ; mais l'élu de Dieu viendra du rivage avec lui ».

Une prédiction du curé d'Ars a été confiée à l'empereur d'Autriche, pour être ouverte lorsque les Russes feraient la guerre en Orient. Cette vaticination de trois lignes, indique la mort de Pie IX pour l'année où les Russes toucheront à Constantinople. Ces deux points sont accomplis. L'authenticité de la prophétie ne nous étant pas absolument confirmée, nous n'avons pu inscrire la troisieme ligne, dont l'affirmation est d'une hardiesse presque sans égale.

Un paysan dont le mot a été mille fois répété, avait dit de Victor-Emmanuel : « Il mourra *Colle scarpe* (avec les souliers) ». Victor-Emmanuel est bien mort comme le prédisait ce simple et naïf chrétien. Le matin du jour où il est décédé il avait voulu se lever, malgré les médecins. On l'habilla, on le *chaussa,* on l'assit dans un fauteuil. Le paysan avait dit qu'il mourrrait *Colle scarpe* (avec les souliers). Anna-Maria Taïgi avait dit *Colle pantufole* (avec les pantoufles).

XV

PROMESSES CONSOLANTES.

Elisabeth Canori Mora. « D'immenses légions de démons parcourront alors le monde entier ; ils s'attaqueront à tout et nuiront aux hommes, et rien ne sera épargné. Heureux les bons et véritables catholiques ! Ils auront pour eux la protection puissante des saints apôtres Pierre et Paul, qui veilleront sur eux, afin qu'il ne leur soit fait aucun dommage ni dans leur personne ni dans leurs biens.

La même. — « Tous les fidèles qui auront gardé dans leur cœur la foi de Jésus-Christ, ainsi que les religieux et les religieuses qui auront conservé fidèlement l'esprit de leur institut, seront délivrés de l'affreux châtiment. »

L'abbé Souffrand. — « Dans ces événements, les légitimistes n'auront rien à faire, parce que ce seront les libéraux qui se dévoreront entre eux. Entre le cri : *Tout est perdu !* et celui-ci : *Tout est sauvé !* il y aura à peine le temps de se retourner, et ce sera lorsque l'on croira tout perdu que tout sera sauvé. »

Le P. Necktou. — « Quand la grande crise arrivera, il n'y aura rien à faire, sinon de rester où Dieu vous aura mis et d'y persévérer dans la prière. »

Le curé d'Ars. — « Ce ne sera pas long. On croira que tout est perdu, et le bon Dieu sauvera tout. Ce sera un signe du jugement dernier. »

Le même. — « Les ennemis ne s'en iront pas tout à fait, et ils détruiront tout sur leur passage. On ne leur résistera pas, mais on les laissera s'avancer, et, après cela, on leur coupera les vivres, et on leur fera éprouver de grandes pertes ; ils se retireront vers leurs pays ; on les accompagnera, et il n'y en aura guère qui rentreront ; alors on leur reprendra tout ce qu'ils auront enlevé, et même beaucoup plus. »

Mélanie. — « L'Europe se liguera contre la France et l'écrasera. Paris sera ravagé ; trois grandes villes seront brûlées. Du sein de ce chaos le calme sera ramené subitement par une intervention de Dieu. »

Anna-Maria Taïgi. — « Après le pontificat de Pie IX, d'épaisses ténèbres pestilentielles, horribles, peuplées de visions effrayantes, envelopperont la terre pendant trois jours. Tous les ennemis cachés ou apparents de la sainte Eglise périront pendant ces ténèbres, à l'exception de quelques-uns qui se convertiront. L'air sera alors empesté par les démons qui apparaîtront sous toutes sortes de formes hideuses. Les cierges bénits préserveront de la mort, ainsi que les prières à la Très-Sainte Vierge. »

Le P. Bernard-Marie-Clauti. — « Il viendra un grand fléau. Il sera terrible et dirigé uniquement contre les impies. Ce sera un fléau tout nouveau. Il sera instantané, momentané, mais terrible. »

Religieuse trappistine. — « Le temps de tous ces bouleversements ne sera pas de plus de trois mois, et celui de la grande crise, où les bons triompheront, ne sera que d'un moment. »

Religieuse d'Autriche. — « Ce sera au moment du crime (attentat contre la Papauté) que les choses changeront de face par une intervention visible du Seigneur ; le triomphe de l'Eglise sera éclatant. »

Pie IX. — « La Révolution sera tuée, tuée par ses propres armes, ces mêmes armes qu'elle dirige contre la vérité, la justice, l'Eglise, contre tout ce qu'il y a de plus sacré sur la terre... Prions sans relâche, et le suicide de la révolution aura lieu, lorsque nous nous y attendrons le moins.» (*Univers* du 1er janvier 1873).

« Le Seigneur fera luire enfin le jour de ses miséricordes, et il nous délivrera des maux qui nous accablent. N'en doutez point. » (*Discours*, p. 450).

« Le monde est plongé dans le mal, il ne peut continuer comme cela ; une main humaine est impuissante à le sauver : il faut que la main de Dieu se manifeste visiblement, et je dis : Nous verrons cette main divine avec les yeux de notre corps. » (A un évêque d'Orient).

« Le Seigneur viendra à notre secours. Qu'il lève le petit doigt de sa main, et l'orgueil humain disparaîtra... Il me semble qu'il se prépare déjà à faire pour le moment désigné par la divine sagesse un miracle si sublime que le monde en sera dans la stupéfaction..... (Allocution du 22 juin 1871).

« Ah! que Dieu vienne calmer la tempête et ramener le navire dans le port du salut et du repos. Sans aucun doute il viendra, et c'est avec cette foi que je lève la main pour vous donner la bénédiction du Seigneur. » (11 février 1871).

« J'accepte cette tiare ; elle ne me servira pas aujourd'hui, mais au jour du triomphe.» (18 juin 1871).

Pie IX n'a point cessé de publier hautement ces solennelles assurances.

Rosa Colomba.— « L'Angleterre retournera à l'unité.»

Prophétie d'Orval.— « Un grand peuple de la mer reprendra vraie croyance en deux tierces parts.»

Le P. Pegghi.— « Un royaume entier viendra à la foi catholique.»

L'abbé Souffrand — «La Russie viendra abreuver ses chevaux dans le Rhin, mais elle ne le dépassera pas. Elle se convertira et aidera la France à rendre la paix et la tranquillité au monde entier.»

A.-M. Taïgi a également annoncé ce retour.

Prophétie d'Orval. — « Trois princes et rois mettront bas le manteau de l'erreur et verront clair en la foi de Dieu. »

L'abbé Souffrand. — « Toutes les forces du gouvernement étant prises par cette puissance étrangère, l'intérieur de la France se révoltera. La crise civile sera dirigée surtout contre la religion. Le choc sera terrible. On se battra du Midi au Nord pendant plusieurs semaines, et les quinze derniers jours, jour et nuit. Cependant, la crise ne sera pas longue ; mais il périra plus d'hommes en ce peu de temps qu'en 93.

» Elle se fera sentir surtout dans les grandes villes ; le sang coulera par torrents dans le Nord et le Midi ; l'Ouest sera épargné à cause de sa foi. Les puissances, voyant ce désordre en France, s'armeront, non en faveur de la légitimité, mais dans le but de se partager la France, car l'Angleterre trahira. L'empereur de Russie viendra jusqu'au Rhin ; une main invisible l'arrêtera, il se fera catholique. Le ciel se déclarera en faveur de la France ; elle remportera la victoire ; mais celle-ci sera attribuée au Seigneur, non aux hommes. La chose sera tellement surprenante que le vulgaire criera au miracle. Et alors aura lieu la restauration ».

Un curé de Lyon. (1817). — « Outre la punition terrible que Dieu exercera contre les chefs des impies, il en exercera pareillement de bien affligeantes sur les villes coupables et les méchants. Ces châtiments seront aussi visibles que ceux qui frappèrent Pharaon et son peuple ».

Sainte Hildegarde. — « Quand les hommes seront assez purifiés par les fléaux, quand ils seront fatigués de la guerre, quand la crainte de Dieu aura touché leur cœur, ils revien-

dront vers la justice et la pratique des lois de l'Eglise....
Bon nombre de païens, frappés de la gloire et des richesses
des peuples chrétiens, solliciteront le baptême et prêcheront
hautement la doctrine de Jésus-Christ ».

Sœur de la Nativité. — « Je vois en Dieu qu'il viendra un
tem s où ce grand arbre (la révolution) sera déraciné .»

La même. — « Je vois en Dieu que l'Eglise s'étendra en
plusieurs royaumes, même en des endroits où il y a plusieurs
siècles qu'elle n'existait plus ».

Sainte Catherine de Sienne. — « Quand ces tribulations
et ces épreuves seront passées, Dieu purifiera la sainte
Eglise par des moyens inconnus aux hommes ; il réveillera
les âmes de ses élus, et la réforme de la sainte Eglise sera si
belle, le renouvellement de ses ministres sera si parfait, qu'en
y pensant mon âme tressaille de joie ».

Marie Lataste. — « Je regarde le présent, et je vois tous
les hommes s'élever contre Dieu, blasphémer son nom et
violer ses lois. Mais je m'élèverai contre ces superbes pécheurs, je ferai gronder mon tonnerre au-dessus de leur tête,
et ma foudre ébranlera la terre sous leurs pieds. J'éclairerai
leurs yeux du feu de mes éclairs, et les envelopperai dans le
brouillard impénétrable de mes nuages ».

Sont-ce les ténèbres dont parle Anna-Maria Taïgi ? La
voyante continue :

« Tout est dans le silence à la surface ; mais tout gronde,
tout mugit, tout fermente en dessous, dans le peuple, dans
ceux qui se trouvent immédiatement au-dessus du peuple,
comme parmi les grands ».

Plusieurs prédictions annoncent l'apparition corporelle de
saint Pierre et de saint Paul. Elisabeth Canori Mora vit le
ciel se couvrir d'épais nuages ; un vent furieux souffla sur les
hommes et les animaux ; les hommes en vinrent aux mains

et les impies furent exterminés par les démons, tandis que les fidèles serviteurs du vrai Dieu étaient préservés par la protection de saint Pierre et de saint Paul. — Ce passage nous paraît confirmer aussi les ténèbres dont a parlé A.-M. Taïgi.

Maria Stiefel. — « Le pouvoir temporel des Papes sera rétabli, et les peuples seront heureux sous leur sceptre si doux ».

Anna-Maria Taïgi. — Il lui fut dit par Notre-Seigneur, que les plans des impies sectaires ne prévaudraient pas, à Rome, de son temps ; mais qu'après, Dieu leur laisserait le champ libre pour travailler à leurs trames, et qu'au moment de l'exécution, tous les fils en seraient rompus d'un seul coup.

Le vénérable Grignon de Montfort. — « A la propagation du culte de Marie correspondront, dans la même proportion, les progrès des missions étrangères, le retour des grands empires à la foi catholique, et le réveil de cette même foi dans les nations plongées dans le flot de l'impiété ».

S. X. X. — « Le dernier spectacle auquel j'assistai me remplit de consolation et m'inonde de joie. C'est une église aux colossales proportions et d'une éblouissante splendeur.. Mille cierges brûlent à l'autel, et une assistance innombrable y chante les louanges du Seigneur. Des chœurs harmonieux, avec des instruments de musique, y font retentir les voûtes élancées. C'est une solennité incomparable dont ma faible parole ne donne qu'une idée fort incomplète. Je partage la commune allégresse.

» Depuis cette vision, lorsque je me sens attristé par la vue des hontes du présent et par celle des secousses sanglantes que nous avons en perspective, je m'efforce de me remettre en mémoire les transports de félicité qui remplissaient le peuple assemblé dans la vaste basilique, et que je crois pouvoir nommer la fête des nations régénérées ».

Prophétie de Prémol. — « Mon esprit s'égare et mes yeux s'obscurcissent à la vue de cet effroyable cataclysme ? Mais, me dit l'Esprit, que l'homme espère en Dieu et fasse pénitence, car le Seigneur tout-puissant et miséricordieux tirera le monde du chaos, et un monde nouveau commencera ».

Sainte Catherine de Sienne. — « Alors l'Eglise deviendra éclatante de beauté, elle sera ornée de joyaux précieux et couronnée du diadème de toutes les vertus ; la multitude des peuples fidèles se réjouira de se voir dotée de si saints pasteurs : de leur côté les nations étrangères à l'Eglise, attirées par la bonne odeur de Jésus-Christ, reviendront au bercail de la catholicité, et se convertiront au véritable Pasteur et Evêque de leurs âmes ».

Les trois textes suivants sur le Grand Monarque nous tombent sous la main. Leur place n'est-elle pas marquée ici ?

Saint François de Paule. — « Il sera comme un soleil parmi les astres et obtiendra la principauté du monde ».

Prophétie de Blois. — « Ce sera le sauveur sur lequel on ne comptait pas ».

Le P. Calliste. — « Une splendide fleur de lys sort d'une nuée. Gloire à Dieu, la foi renaît : un homme, pur instrument de Dieu, en vient rallumer le flambeau. Heureux ceux qui auront survécu ! Gloire à Dieu ! »

XVI

LE TRIOMPHE. — SA DATE. — LA FRANCE MIRACULEUSEMENT
RELEVÉE AINSI QUE L'EGLISE. — PROPHÉTIE MONUMENTALE
DE TRITHÈME SUR CES GRANDS ÉVÉNEMENTS.

En lisant les chapitres qui précèdent, si affirmatifs sur la
venue du Grand Monarque et du Pontife Saint, promis au
monde à l'heure où notre société, semblable à un navire
désemparé, erre violemment, jouet de la tempête, et paraît
condamnée à une destruction inévitable, le lecteur s'est évidemment demandé quelle est la date et du cataclysme immi-
nent, et du miracle qui doit comprimer la fureur de l'orage.

Les prophéties privées ont rarement des dates absolues, Dieu
avançant ou retardant les événements selon que sa clémence
est apaisée par l'invocation des justes ou que son courroux
s'enflamme devant la perversité croissante des méchants. La
conscience publique pressent ordinairement le temps qui doit
marquer le terme d'une période d'angoisse, et ouvrir la voie à
une transition effervescente, à l'issue de laquelle la paix se
présente aux hommes un rameau d'olivier d'une main. Il
n'est pas un esprit de quelque portée, aujourd'hui, qui croie à
la durée de ce qui est. Mais au sein de cette impression universelle d'incertitude et d'instabilité, il existe aussi un trouble
profond, un doute sombre qui ne laisse apparaître l'espérance
qu'à travers des nébulosités sinistres : nul ne sait reconnaître
où il va. La foi qui transporte les montagnes, attiédie là où
elle n'est pas complètement oblitérée, ne permet pas au regard
borné de contempler les collines éternelles, et d'y saluer le
rayon consolateur, précédant l'apparition du soleil de justice.

A déclarer toute notre pensée, les chrétiens seuls qui ont refusé créance aux idoles contemporaines, et le nombre en est restreint, sont favorisés d'un coup d'œil rassurant sur l'avenir, et cette vue leur vient par les prophéties.

Nous n'avons pas imité les auteurs qui, dans les livres de prédictions, multiplient les commentaires et s'aventurent témérairement à déterminer des dates, celle du triomphe surtout. Sans doute la situation politique de l'Europe, compliquée partout, le marasme des affaires, la grave question d'Orient, l'isolement de la France, la médiocrité de ses hommes d'Etat, les projets ambitieux et bien connus de deux grandes puissances, cet ensemble d'agressions, de résistances, de préparatifs, de suspicion, nous pronostique pour un avenir prochain des commotions générales et des chocs dont la seule pensée pénètre d'effroi. Mais ces complications, où s'amassent des nuages chargés de tant de foudres, ne servent qu'à jeter l'observateur dans une plus complète perplexité.

Sans prétendre écarter entièrement les voiles qui nous dérobent l'avenir, mais en tenant compte des prophéties que nous avons classées dans un ordre de concordance, sous la rubrique de quelques appellations précises, nous avons à donner en dernier lieu une prédiction avec date fixe, que nous croyons devoir vivement recommander : c'est la vaticination monumentale de Trithème.

Jean Trithème, naquit à Trithenheim, à deux lieues de Trèves, en 1462. Ce moine célèbre tire son nom de son village. Entré dans les ordres, il devint abbé de Spanheim, au diocèse de Mayence, l'an 1483. Il abdiqua cette dignité, mais pour être bientôt investi d'une autre : en 1506, il porte la mître abbatiale à Saint-Jacques de Vurtzbourg. Il s'endormit dans le Seigneur, le 15 décembre 1516. Zélé pour la discipline, il aima l'étude et la fit cultiver. D'une vaste érudition, il a écrit de remarquables ouvrages d'histoire, de morale, de philosophie, des livres de piété. Il a un volume d'opuscules, parmi lesquels est le suivant : *Des sept causes secondes, c'est-à-dire des intelligences ou Anges préposés, après Dieu, au gouvernement des mondes.*

Basé sur une antique tradition juive ; appuyé sur des autorités historiques ; ce travail est à la fois une œuvre de science et une prophétie. Il est si bien de nature à nous intéresser qu'il répand des clartés sur la confusion des temps présents, et qu'il indique l'heure divine du relèvement de la France, la même que celle de la glorification de l'Eglise. Nous analysons la prédiction.

Les esprits , désignés sous la dénomination de causes secondes, ont été appelés chez les Israëlites, savoir : Ariphiel, Anaël, Zadkariel, Raphaël, Sammaël, Gabriel et Michel.

Trithème, partant de données à lui fournies par la Cabale ou tradition sacrée mais non canonique des Hébreux, trouve, après d'autres, la philosophie de l'histoire, dans les révolutions astronomiques, sans pour cela interrompre les lois providentielles qui dirigent l'humanité, et sans donner dans les écarts de l'astrologie judiciaire. Après avoir interrogé les arcanes du savoir, il s'inspire de cette parole du Psalmiste : *Les cieux racontent la gloire du Seigneur, et le firmament annonce les œuvres de ses mains.*

Le nombre sept est mystérieux et l'usage en est fréquent dans les fastes de l'Ecriture. L'*Apocalypse* divise la durée de l'ère chrétienne en sept âges. Les sept esprits supérieurs, nommés plus haut, ambassadeurs célestes toujours présents devant le trône de Dieu, sont, d'après les Juifs, les gouverneurs alternatifs des sphères. Le règne de chacun d'eux est de trois cent cinquante-quatre ans et quatre mois. Nonobstant cette domination successive, chacune des sept planètes de notre système solaire, obéit à un des archanges. Or, l'influence que des sages anciens et des sages ultérieurs ont accordé aux planètes, ne nous semble pas contestable, n'en déplaise au positivisme des sceptiques contemporains. Ces influences sidérales, en même temps physiques et morales, n'altèrent en rien le libre arbitre de l'homme.

Ariphiel commande à Saturne. Cette planète, ou mieux l'esprit qui la gouverne, a commencé son règne, d'après la tradition, l'an premier du monde. Au rapport de Trithème, la création a commencé le 13 mars. Ce règne d'Ariphiel correspond à l'état chaotique et de la nuit.

Anaël a pris le sceptre du commandement, l'an du monde 354, le 24 juin ; il préside à Vénus. L'amour guide les hommes, constitue la famille, forme la cité. Des chantres, inspirés par lui, furent les premiers instituteurs de l'humanité. Le malheur est que la poésie, s'éloignant du culte divin, achemina les mortels au fanatisme, à la débauche, aux crimes monstrueux qui devaient appeler le déluge sur les dépravations de la terre.

Nous sommes au 25 octobre de l'an 708. Alors commence le règne de Zadkariel, conducteur de Jupiter : le droit de propriété est érigé ; chaque famille possède sa demeure indépendante ; les champs ont des limites ; les villes se multiplient ; les empires se développent ; la civilisation fleurit ; mais avec la culture des arts, elle apporte aussi la guerre ; les hommes fabriquent des armes pour s'entretuer.

Raphaël conduit Mercure : il féconde la science, les œuvres de l'esprit, l'industrie, et exerce la puissance, le 24 février 1063. Propagation du commerce ; nécessité de l'écriture pour les transactions, les affaires publiques, les travaux de la pensée. La première langue a été hiéroglyphique : le livre d'Hénoch et certains autres débris des écrits des patriarches sont les seuls monuments de ce genre qui ont survécu, pour arriver jusqu'à nous. Avec la science et le commerce, la navigation devient florissante.

Le 26 juin de l'année 1417 ouvre le règne de Sammaël, l'ange de Mars : c'est une époque de corruption générale, d'endurcissement universel : le léluge engloutit bientôt la race humaine, en punition de ses forfaits, moins la famille pieuse qui trouva son refuge dans l'Arche.

Gabriel, préposé à la Lune, saisit l'empire le 28 mars 1771. La terre est sortie des flots ; veuve de son premier éclat, elle répare insensiblement sa beauté amoindrie. Noé et sa famille repeupleront le globe dévasté.

C'est Michel qui est l'ange du Soleil, l'astre souverain. Le prince des milices éternelles prend le pouvoir le 24 février 2126 de la création. La civilisation postdiluvienne poursuit ses étapes. La religion est longtemps florissante, mais la postérité d'Adam s'égare ensuite dans les pratiques idolâtriques. Le souvenir du déluge s'altère, et la dépravation reparaît. La science et les arts ont repris leur éclat, malheureusement asservi à l'orgueil humain.

Trithème poursuit ainsi d'un âge à l'autre, les cycles itératifs de chacun des sept anges supérieurs, et nous fait assister aux transformations universelles de l'humanité. Chaque période ou commandement angélique est caractérisé d'après la physionomie qui lui est propre dans l'histoire. Les astres ont leur action sur les générations qui passent, sans toutefois que la fatalité se montre, et que la Providence perde rien de son infaillibilité et l'homme de sa liberté morale. Les déchéances, les restaurations, les royaumes qui grandissent ou qui périclitent, la synthèse des mouvements divers des nations qui se sont succédé ici-bas, se dessinent dans ce panorama merveilleux. Ajoutons cet axiome : dans la félicité ou dans les malheurs qui se reproduisent, les mêmes causes déterminent constamment les mêmes effets, comme aussi les infractions prolongées aux lois célestes appellent constamment des expiations mesurées sur la gravité des crimes. Or, la science établit qu'en vertu de telles ou telles conjonctions astronomiques, les nations ont en partage ou d'heureuses immunités ou des châtiments éclatants.

C'est à l'aide de ces considérations et déductions diverses, que Trithème est conduit au mois de novembre 1879. Alors Michel reprend le principat du firmament. De longs déchirements, ne pénibles élaborations ont précédé cette époque, à laquelle est placée la fondation d'un empire universel.

Michel est l'ange du Soleil comme il est l'ange de la France ; il est le premier défenseur de l'Eglise comme la France en est le soldat ; or, le royaume de saint Louis sera le centre de cette domination immense. Les prophéties, d'un consentement unanime, corroborent cette affirmation. Le chef providentiellement suscité de l'empire prédit, étroitement uni au Pape choisi pour les mêmes jours, ces deux grands hommes seront reconnus pour les Pasteurs des peuples.

Trithème jette un étrange défi aux deux puissances qui s'alourdissent en ce moment de tout leur poids sur l'empire turc, car il écarte leurs prétentions, en donnant à la France les clés de l'Orient, et en affirmant que l'empire universel appartiendra au pays qui tiendra ces clefs et qui aura l'initiative de l'intelligence.

La déclaration est d'une hardiesse d'autant plus forte que l'intelligence est présentement on ne peut plus affaissée sur la terre de notre patrie, et que le doctrinarisme de 1830 et du second empire, de concert avec le radicalisme impie, l'ont réduite à une déchéance profonde, à un abaissement prodigieux.

L'étonnement nous étreint, en effet, en écoutant cette prédiction, et la foi seule en ce qui vient d'en-haut nous donne la force d'y croire. Voici, du reste, les paroles de feu dans lesquelles est conçu le couronnement de l'Oracle ; c'est Trithème qui parle :

« *Peut-être la France aura-t-elle à subir pour cela une croix et un martyre analogues à ceux de l'Homme-Dieu ; mais, morte ou vivante parmi les nations, son esprit triomphera et tous les peuples du monde reconnaîtront et suivront, en 1879, l'étendard de la France, victorieuse toujours ou miraculeusement ressuscitée* ».

Quels accents ! Quel regard d'aigle ! Quelle promesse ! Il est donc vrai que la France doit arriver au Thabor, mais en passant par le Calvaire ! La croix qu'elle porte, à laquelle elle est à la veille d'être attachée, sera l'instrument de son supplice ; mais cette même croix, devenant l'arbre de vie, communiquera sa vertu au sépulcre où la nation semblera couchée un moment, pour la glorifier et la couvrir de splendeur ! Oui, oui, les hideuses opinions d'entre-deux, le mammonisme, les conjurations occultes, le cortége bariolé des ennemis de l'Eglise et de sa Fille aînée, tout séchera de dépit, tout sera déraciné du sol, et la terre s'entr'ouvrira pour engloutir cet héritage dans l'abîme. L'apostasie et l'athéïsme périront, et sous le doigt vivificateur du Très-Haut, apparaîtront une nouvelle terre et des cieux nouveaux !

Vous êtes peut-être éblouis, et vous ne croyez pas encore ? Vous faut-il un précédent pour achever de vous convaincre ? Le voici. La science astronomique, comme nous l'avons établi au chapitre consacré aux *Prophéties accomplies*, avait prédit, des siècles à l'avance, l'année 1789 comme devant amener des ébranlements inouïs en Occident. Nous avons pour justificateurs de cette vaticination, le savant arabe Albumazar, le cardinal d'Ailly, Roussat, Turrel, Jean Muller et d'autres. Newton reconnaît que les vérités astronomiques sont toujours d'accord avec la théologie, ce qui établit la concordance de l'astronomie et de l'histoire. Ideler et Humboldt n'ont pu s'empêcher d'avouer les effets des grandes conjonctions sidérales. Qu'il se lève donc l'audacieux qui osera combattre ces pages !

Et maintenant, il nous reste à nous placer dans la main de Celui qui déracine, quand il lui plaît, les cèdres du Liban ; qui aplanit les monts et comble les vallées ; qui met à nu les abîmes de l'Océan, et qui écrase sur le sol la tête des superbes.

Que son nom soit à jamais béni , et que sa protection s'étende sur ceux qui ont sa crainte dans le cœur !

XVII

PIE IX A-T-IL VU LE COMMENCEMENT DU TRIOMPHE ?

Pie IX a rendu son âme à Dieu. Les adversaires du surnaturel diront que le Pontife n'a pas vu le commencement du triomphe, comme les prophéties le lui promettaient. Laissez agir la Providence : les oracles divins ne mentent pas.

Moins appesantis que les doctrinaires et ceux de la libre pensée, nous affirmons, nous, que Pie IX a assisté au commencement du triomphe de l'Eglise. Nous ne plaçons pas, il est vrai, uniquement ce succès du bien sur la scélératesse, dans la délivrance de Rome, dans la restitution à l'Eglise du domaine pontifical, dans l'abaissement des puissances conjurées contre le Saint-Siège. Il existe dans un ordre de faits moraux que nous allons énoncer.

Comment aurions nous pu songer à ces suprêmes résultats, lorsque nos textes révélateurs nous apprennent que les Etats

pontificaux seront arrachés à la révolution par le Grand
Monarque, et que ce puissant envoyé apparaîtra en même
temps que le Pontife Saint ? Comment aurions nous pu nous
méprendre sur la situation de la France, que le nouveau
Charlemagne doit restaurer, et sur les affaires de l'Europe,
que le même réparateur est appelé à remanier d'après les
principes du droit et de la justice ? Nous marchons vers ces
figures augustes ; nous ne les possédons pas encore.

Savez-vous où nous plaçons cette vue annoncée à Pie IX,
comme le prix de son héroïsme, avant l'heure où il devait
dormir son sommeil de la tombe ? Elle est pour nous, dans
l'effondrement de l'Europe, en face duquel le Pape défunt se
dressait avec toute la hauteur de la magnanimité et du génie.
Elle est dans cette royale sérénité qui regardait sans peur le
travail des sectes, les projets sataniques de certains hommes
d'Etat, travail et projets qu'il arrêtait, au nom du Très-Haut,
dans leur marche, comme le flot courroucé venant se briser au
rivage. Elle se montre dans les enseignements qu'il a légués
à l'Eglise ; dans les dogmes qu'il a proclamés. Nous la cons-
tatons dans cette protestation vigoureuse que le Pontife a
dictée, le lendemain de l'intronisation d'Humbert, contre la
spoliation de ses provinces. Elle éclate dans cette suite
d'actes supérieurs et de discours où il défie l'abîme et ses
suppôts. Elle se révèle dans l'apparente abstention du prince
de Bismarck d'exercer une pression sur le Conclave. On la
reconnaît dans le schisme des vieux catholiques aplatis, mis
sur les dents. Il existe dans l'atonie du mouvement qui marque
la fin d'une époque de ruines et la proximité d'un âge plein
de vie. Elle est marquée sur le marbre où repose l'unique
grandeur qui nous restât, et devant lequel Jésus-Christ se
dresse, tandis qu'un digne et non moins vaillant successeur,
élève ces Clés contre lesquelles la révolution ne prévaudra

jamais. Elle se déclare enfin dans ces mille entreprises de l'abîme, enrayées, percées à jour ; dans ces fraudes démasquées ; dans la force brutale qui s'est armée contre le Saint-Siége ; contre le mensonge qui a voulu colorer ses entreprises monstrueuses, mais dont les auteurs sont demeurés saisis d'une secrète épouvante, comme les misérables qui allèrent au Mont des Oliviers pour s'emparer de Jésus-Christ.

Vingt des fameux conjurés, Victor-Emmanuel compris, couchés dans la tombe, et l'Angleterre revenant au catholicisme, proclament encore ce résultat.

Le commencement du triomphe, ne le contemplez-vous pas dans ces cérémonies lugubres qui ont attiré les fidèles d'un bout de la terre à l'autre, en mémoire de Pie IX, depuis l'humble chapelle de village jusqu'aux riches basiliques de nos cités ?

Le commencement du triomphe a resplendi dans le Conclave d'où a surgi le Pape désigné longtemps à l'avance par cette belle appellation : *Lumen in cœlo* (1).

---

(1) Un de nos amis nous écrit les lignes suivantes que nous plaçons ici en note; ces réflexions nous semblent très-judicieuses, nonobstant ce qui précède :

« Peut-on bien dire que les prophéties aient bien affirmé que Pie IX verrait le triomphe de l'Eglise.

» Je ne trouve aucun texte précis à cet égard ; je ne vois que des rapports de texte où l'interprétation humaine pressée de voir le triomphe, ayant voulu appliquer à Pie IX ce que le texte même attribuait au Pape. Les paroles d'Anna-Maria Taïgi sont toujours entre les mains de la Congrégation romaine ? Celles de Marie-Julie sont aussi entre les mains du confesseur ou de M. C. »

XVIII

LARMES PROPHÉTIQUES DE PIE IX.

On dit que Pie IX, à ses derniers moments, a répandu des larmes. Pourqnoi cette marque d'affliction, dans cette âme forte, à l'heure où il allait déposer le fardeau de sa souveraineté spirituelle ? Que pouvait-elle regretter, elle, pleine de jours et d'œuvres saintes, après les douleurs dont les ennemis de l'Eglise l'avaient rassasiée ? Ne devait-elle pas, au contraire, se réjouir d'abandonner les crépuscules orageux d'ici-bas, pour sourire à l'aurore qui apparaissait à ses yeux, du haut des collines éternelles ?

Ah ! c'est que Pie IX, ayant considéré l'avenir, a oublié les joies de la victoire, tant de fois promises par ses allocutions, pour s'arrêter sur les jours obscurcis de la transition, les jours de la grande crise. Le temps de l'expiation s'est montré à lui, et il n'a pu résister à ce spectacle de désolation. L'hypocrisie des uns, le ramollissement des autres, les défaillances, les trahisons, l'apostasie de ceux-ci ou de ceux-là, ayant autorisé les forfaits de la libre pensée, sont destinés à avoir un résultat rempli de désastres.

Qui nous dira si, en effet, un peuple égaré, bien que comblé de bienfaits par Pie IX, n'envahira pas de nouveau sa demeure souveraine, pour y porter une fois de plus le fer et le feu ? Qui nous rassurera contre les ébranlements effroyables dont le monde est présentement menacé ? Le dernier soupir du Pape n'a-t-il pas correspondu avec l'évanouissement du dernier espoir pour la paix ? La Russie de Pierre Ier n'est-elle pas à Constantinople ? Les navires anglais ne mouillent-ils pas aux Dardanelles ? L'Autriche, prise comme dans l'étreinte d'un étau, n'est-elle pas poussée, après ses malheurs récents, à de nouveaux combats ? La Prusse, non moins hostile que la Russie au siége de Pierre, n'est-elle pas à nos portes, armée jusqu'aux dents ? La France, sans alliance, sans gouvernement fortement assis, sans un chef à la trempe antique, ne ressemble-t-elle pas à un géant, tombé en des embûches, et dépossédé de son glaive de commandement et de suprématie ?

La voilà, la guerre générale, ce fléau de Dieu, précipitant peuple contre peuple, couvrant les champs de bataille de morts et de mourants ! Et pourquoi ? Parce que les hommes ont bu l'iniquité comme l'eau ; qu'ils ont regardé avec indifférence le Vatican asservi, Rome occupée par les sectes, et le grand-prêtre de la Nouvelle Alliance prisonnier. La France, par la complicité d'un Bonaparte et l'oblitération des sentiments généraux, a été l'instrument de ces envahissements sacriléges, de cette dépossession criminelle, alors que les générations qui ont précédé la nôtre lui avaient légué la défense du centre de la catholicité et des Etats pontificaux. O dérision amère ! le ministère français est en majorité protestant, et le navire laissé dans les eaux italiennes pour être, au besoin, le refuge du Pape fugitif, a été retiré, comme pour mettre le comble à l'abandon du Pontife suprême !

Ainsi, sur ce pauvre univers où Lucifer a déchaîné ses bandes, les étais de la société craquent, les fondements des institutions s'engloutissent, et comme signe de la confusion universelle, nous avons appris qu'un tremblement de terre a abîmé Lima et Guyaquil sur le sol américain. Chaque semaine nous montre quelque formidable catastrophe.

Les larmes du successeur de Pierre mourant ont eu peut-être pour objet les nouvelles profanations que consommeront les anarchistes, pendant la courte durée de leur domination. Qui ne sait les projets des impies contre nos sanctuaires, contre les asiles de la prière et de la contemplation, si propices pour apaiser le Seigneur? Pie IX a pleuré sur ces calamités prochaines, comme le Christ pleura sur Jérusalem, le jour où l'Homme-Dieu lui prédit le siége à la suite duquel la cité de David serait détruite, le temple consumé par les flammes, le peuple qui n'avait pas été dévoré par la contagion, la famine et le glaive, emmené captif et vendu comme du bétail sur les marchés romains.

Mais, si les iniquités des hommes ont préparé à la terre ces malheurs, nous, que Pie IX a nourris de la parole de vie ; nous, enfants de la promesse ; nous nous garderons d'être abattus. Nous savons que le Verbe divin nous voit et qu'il nous protège. Or, si le Seigneur est avec nous, qui sera contre nous?

Puisse le glorieux Pape qui a délaissé ses fils dévoués, obtenir là-haut des adoucissements aux rigueurs que l'apostasie du plus grand nombre nous a méritées ! Mais quoi qu'il arrive, pleins de confiance en la Trinité, nous adorons les décrets de sa providence ; nous espérons fermement en sa protection, et nous savons que l'Eglise et la France revivront dans leur majesté, parce que nous en avons reçu l'infaillible promesse.

FIN

TABLE DES MATIÈRES

servant de concordance.

I.— Justification des prophéties privées : Autorité de saint Paul, de l'Eglise, des Saints, des théologiens , des écrivains profanes.— Témoignages de Frayssinous, de sainte Hildegarde.— L'Apocalypse.— Anna-Maria, Taïgi. — Quinze ordres de faits généraux dans les prophéties sur les temps présents......................... 5

II.— Le surnaturel au XIXᵉ siècle : Multiplicité des faits.— Privilège unique dans l'hagiologie.— Le laboureur Martin.— La croix miraculeuse de Migné.— Manifestations célestes de la Salette, de Lourdes, de Pontmain.— Les voyantes ou stigmatisées d'Oria, de Bois-d'Haine, de Fontet, de Blain, etc.— La prophétie, aile droite du surnaturel......................... 9

III. — Le Grand Monarque : Il est écrit.— Citations des prophéties de Prémol, du P. Ricci, du prodige aérien de Vienne, de saint Augustin, de David Paréus, d'Holzhauzer, d'Olivarius, du solitaire d'Orval, du bienheureux Amadée, du bienheureux Théolophre, de Jean de Vatiguerro, du secret de la Salette, du pape Benoît XII, d'une ancienne Religieuse, de l'abbé Souffrand, de saint François de Paule, de Saint-Ange, de maître Antonin, de Marie Lataste, de Rosa Colomba, de la religieuse de Belley, de Pyrus, de Matay, de la petite Marie des Terreaux, de saint Thomas d'Aquin, des Saints Pères, du curé d'Ars, des dessins prophétiques du Mont-Saint-Michel, d'un précieux manuscrit prophétique, de l'abbé Petiot, du bienheureux Joachim, de Matay, de l'Apocalypse, de S..., prélat romain; de saint Isidore de Séville, du père Trithème, de la Bible.— Traditions de toutes les parties du monde sur le Grand-Monarque.— Noms augustes sous lesquels il est partout glorifié......... .....·........... 15

IV.— LE PONTIFE SAINT : Son apparition providentielle simultanée avec celle du Grand Monarque.— Citatiohs des prophéties de l'abbé Werdin d'Otrante, d'El. Canori Mora, du Père Botin, de Jear de Vatiguerro, d'A.-M. Taïgi, de saint Malachie, d'une ancienne religieuse, de Prémol, du *Mirabilis liber*, de Jean de Rochetaillée, du bienheureux Amadée, du pape Benoît XII, du bienheureux Joachim, de la religieuse de Belley, d'un Voyant du xvie siècle, d'A.-M. Taïgi, du Voyant de Plaisance, de Marie Lataste, de Saint-Ange, des Catacombes, de Guillaume Postel........ 31

V.— PROPHÉTIES ACCOMPLIES : Se sont accomplies ou ont commencé de se réaliser les prédictions de Vatiguerro, du laboureur Martin, de Marie Lataste, de la Salette, de l'abbé Souffrand, de Mélanie, d'El. Eppinger, de sainte Brigitte, de la religieuse de Belley, des Voyants allemands, de l'abbé Souffrand, de Rosa Colomba, de saint Vincent de Paul, de Jérôme Botin, de Roussat, de Pierre Turrel, du cardinal d'Ailly, de Jean Muller, du père Coma, de Rosa Colomba, d'Holzhauzer, de Prémol, du phénomène aérien de Vienne, d'Anna-Maria Taïgi, de saint Remy, de Laurent Miniat, de Jérome Botin, d'Olivarius, du solitaire d'Orval, du P. Necktou, de l'*Unità cattolica*, de Richard de Toustain, du père Calliste..... 37

VI. — VATICINATIONS CONTRE PARIS ET PLUSIEURS AUTRES VILLES :— Citations de Jérôme Botin, du bienheureux Labre, de Mélanie, du Père Ricci, des *Fleurs célestes*, de la correspondance Hohenlohe, de Vatiguerro, du

pére Necktou, d'une religieuse trappistine, de Marie Lataste, de Cat. Emmerich, du Voyant de Prémol, du solitaire d'Orval, du curé d'Ars, des *Oracles sybillins*, de
l'*Apocalypse*, de la Religieuse de Belley, du Voyant de
Grenoble, de saint Thomas, de S. xx, du père Ricci, d'Olivarius, de Mélanie, de la petite Marie des Terreaux, de Matay,
d'une ancienne Religieuse, du Voyant vendéen, du révérend
père Léonard, de la correspondance Cavayon, de Palma.. 49

VII.— LA GRANDE CRISE : Prophéties du père Necktou,
de la correspondance Cavayon, de S. xx, d'El. Canori Mora,
des Voyants allemands, d'A-M. Taïgi, de Rosa Colomba, de
Palma, de Mélanie, de la correspondance Cavayon, du laboureur Martin, de M. Stiefel, du Père Necktou, de la
sœur de la Nativité, de la Mère du Bourg, de la Mère
Marie de Jésus, de l'Oba, de Mélanie, du père Léon,
de sainte Brigitte, de Matay, de l'abbé Souffrand, de
Saint-Ange, de Rosa Colomba, de Jean Vatiguerro, de
la sœur de la Nativité, de saint François de Paule,
du père Coma, de sainte Hildegarde.— Signes aériens
et précurseurs en Allemagne. — Vaticinations sur l'Italie. — Citations du *Cri* du Salut, de la prophétie de
Prémol, du père Necktou, de M. Lataste, du Voyant de
Plaisance, de la prophétie Emilienne, de Vatiguerro,
d'Holzbauzer, de la correspondance Cavayon, de la Religieuse de Belley. — Epouvantable blasphème des sectes,
d'après le *Psaume de Satan*............................ 57

VIII.— RÉVÉLATION ÉCLATANTE SUR LES TEMPS PRÉ-
SENTS, RECUEILLIE PAR LE PÈRE DE RAVIGNAN : La prophétesse était religieuse Clarisse à Lyon.— Prophétie accomplie en garantie de celle-ci.— La France précipitée de
sa grandeur.— Impuissance des hommes.— La fortune
menacée.— Crimes et malheurs.— Guerre faite à l'Eglise.

— Son triomphe.— Règne du Grand Monarque.— Félicité universelle.................................... 69

IX. — Mémorables prophéties de l'extatique de
Blain, près Nantes. : Notes biographiques sur Marie-
Julie. — Les événements sont proches. — Branche de
laurier fleurie. — La France au tombeau ; Jésus-Christ
l'y visite et lui promet une résurrection glorieuse. — Lys
miraculeux. — Jésus-Crist sur un trône ; la France resplendissante devant ce trône. — La Sainte Vierge obtenant
le salut de sa fille bien-aimée. — Pie IX et le Roi près du
trône divin. — Les saints protecteurs de la France. —
Magnificence de ces tableaux prophétiques. — Marie-Julie
voit la bénédiction de la chapelle provisoire du Sacré-
Cœur. — L'avenir dévoilé. — La France est sauvée. —
L'armée des impies détruite. — Prochain abaissement de
la Prusse. — Marie-Julie connaît en entier un exorcisme
qui ne s'achevera qu'après avoir été annoncé. — Crucifix
miraculeux. — Guérisons et conversions miraculeuses. —
Tableau d'une communion surnaturelle. — Effets célestes
de l'extase. — Lugubre destinée de Paris. — Réserve de
Marie-Julie en présence des sceptiques, — L'avenir est
noir. — La Bretagne sera protégée. — Défions-nous du
duc d'Aumale. — Arrivée du Roi au milieu de la crise. —
Don Carlos. — Deux portraits prodigieux. — Merveilleuse
et grande histoire. — Touchante prophétie de l'apôtre
saint Jean. — Autres notes biographiques sur Marie-Julie
— Prédiction sur le Midi, etc. — Feu Mgr Fournier,
évêque de Nantes. — Les quatorze stigmates de l'extatique.
— Paroles imprimées sur sa poitrine. — Le Sacré-Cœur a
le privilége des grâces. — Le triomphe est dans le Sacré-Cœur de Jésus.— Justice de Dieu annoncée.— Signes
dans le firmament.— Assurance du triomphe prochain.—

Plusieurs révélations de Marguerite-Marie non transcrites.
— Grande révolte.— Résister aux méchants.— Les bons
seront protégés dans la lutte.— L'enfer cherche des victimes.— Satan va satisfaire sa rage, mais il sera vaincu.—
Le lys et la bannière blanche vont être foulés aux pieds,
mais leur glorification viendra ensuite.— Celui qui attend
tout de Dieu sera récompensé. — Un magnifique sanctuaire sera érigé en l'honneur de la Croix, comme il s'en
élève un en l'honneur du Sacré-Cœur. Dévotion à la plaie
de l'épaule gauche du Sauveur. — Extases sublimes de
Marie-Julie le vendredi de chaque semaine : merveilles
du chemin mystique de la Croix. — M. l'abbé David,
confesseur de l'extatique. — Derniers avis de Blain....... 74

X. — Destinées prochaines de la Prusse, de l'Allemagne en général : Citations d'une ancienne prophétie;
des vaticinations de Rosa Colomba, de Maria Stiefel, de la
sancta Sybilla, de frère Herman, etc................ 101

XI. — La Nationalité polonaise sera reconstituée :
Prophéties du bienheureux Bobola, du père Marc, etc.. 106

XII. — Turquie : Prophéties de Boré, de saint François
de Sales, d'un *Recueil chrétien*, d'Artus Thomas,
d'Holzhauzer, d'A.-M. Taïgi.— Prodige prophétique de
Nicopolis. — L'Apocalypse, etc...................... 108

XIII. — Vaticinations sur Rome, le Concile du Vatican, la fin des hérésies.— Citations d'A.-M. Taïgi, de
Vatiguerro, de la sœur de la Nativité, d'Holzhauzer, de
sainte Catherine de Sienne, de Marie Lataste, de la bienheureuse Catherine de Racconigi...................... 113

XIV. — Une chaine de prophéties : Prédiction irlan-
daise.— *Magnus tremor.*— Maria Antonia del senor.—
Sainte Brigitte.— La bienheureuse Marguerite-Marie.—
Le vénérable Grignon de Montfort.— Saint Léonard de

Port-Maurice.— Le bienheureux Labre.— A.-M. Taïgi.
— Isidore de Isolanis.— la V. Marie d'Agréda.— A.-C. Emmerich. — El. Canori Mora.— Le père Clauti.—
Silvio Pellico.— La petite Marie des Terreaux.— La Mère
du Bourg.— Apparitions de Marpingen, de Gietzwald, de
Mettembuch.— Georges Carlod.— Scapulaire de la Pas-
sion.— Adoration réparatrice.— Prodiges d'Allonville, de
Vrigne-aux-Bois, de Barri, d'Aubermauerbach. — Véroni-
que Nucci.— Statue miraculeuse de saint Dominique.—
Madones miraculeuses................................. 115

XV. — PROMESSES CONSOLANTES : Prophéties d'E. Ca-
nori Mora, de l'abbé Souffrand, du père Necktou, du curé
d'Ars, de Mélanie, d'A.-M. Taïgi, du père Clauti, d'une
Religieuse trappistine, d'une Religieuse d'Autriche, de
Pie IX, de Rosa Colomba, du solitaire d'Orval, du père
Pegghi, d'un curé de Lyon, de sainte Hildegarde, de la
sœur de la Nativité, de sainte Catherine de Sienne, de
Marie Lataste, de Maria Stiefel, du vénérable Grignon de
Montfort, de Prémol................................. 126

XVI. — LE TRIOMPHE. — La France miraculeusement
relevée ainsi que l'Eglise. — Prophétie monumentale du
père Trithème sur ces grands événements............. 133

XVII.—Pie IX a-t-il vu le commencement du triomphe ?
XVIII. — Larmes prophétiques de Pie IX............
Table et concordance................................. 145

Nîmes, typ. Clavel-Ballivet et Cᵉ, rue Pradier, 12.

www.ingramcontent.com/pod-product-compliance
Lightning Source LLC
Chambersburg PA
CBHW072115090426
42739CB00012B/2987